复原力

如何培养沉着冷静、坚不可摧的强大内心，
获得幸福感

[美] 里克·汉森 (Rick Hanson)
[美] 福里斯特·汉森 (Forrest Hanson) 著

周芳芳 译

RESILIENT

How to Grow an Unshakable Core of Calm,
Strength, and Happiness

中国出版集团
中译出版社

Resilient: How to Grow an Unshakable Core of Calm, Strength, and Happiness
Copyright © 2018 by Rick Hanson and Forrest Hanson
All rights reserved including the right of reproduction in whole or in part in any form.
This edition published by arrangement with Harmony Books, an imprint of Random House, a division of Penguin Random House LLC
Simplified Chinese translation copyright ©2024 by China Translation & Publishing House
ALL RIGHTS RESERVED
著作权合同登记号：图字 01-2024-0939 号

图书在版编目（CIP）数据

复原力 /（美）里克·汉森，（美）福里斯特·汉森著；周芳芳译. -- 北京：中译出版社，2024.10.
ISBN 978-7-5001-7955-9
Ⅰ . B84-49
中国国家版本馆 CIP 数据核字第 2024J3S720 号

复原力

FUYUAN LI

著　者：[美] 里克·汉森（Rick Hanson）　[美] 福里斯特·汉森（Forrest Hanson）
译　者：周芳芳
策划编辑：刘　钰
责任编辑：刘　钰　刘　畅
营销编辑：赵　铎　魏菲彤
版权支持：马燕琦

出版发行：中译出版社
地　　址：北京市西城区新街口外大街 28 号普天德胜大厦主楼 4 层
电　　话：（010）68002494（编辑部）
邮　　编：100088
电子邮箱：book@ctph.com.cn
网　　址：http://www.ctph.com.cn

印　　刷：山东新华印务有限公司
经　　销：新华书店
规　　格：1230 mm×880 mm　1/32
印　　张：8.875
字　　数：170 千字
版　　次：2024 年 10 月第 1 版
印　　次：2024 年 10 月第 1 次印刷

ISBN 978-7-5001-7955-9　　　定价：69.00 元

版权所有　　侵权必究
中译出版社

序言

重塑你的大脑

20世纪70年代,我开始涉足人类潜能运动研究,我目前是一名临床心理学家,一直从事神经科学和正念训练研究。本书凝结了我多年的研究精髓,希望帮助人们找到治愈过去、应对当下、创造美好未来的方法。

心理学和医学均认为,人生有三大决定因素,分别为应对挑战、保护自己的弱点,以及增加内在的心理资源。这三个因素分别存在于三个位置:你所处的环境、你的身体以及你的思想。当你把因素和位置结合,就会得到九种方法,它们能让你的生活变得更美好。

虽然这三个因素都很重要,但增加心理资源具有一种独特的力量,它可以为我们提供最佳机会,因为我们对自己思维的影响远超我们对周围环境和身体的影响。同时,增加心理资源对我们的影响也最大,因为思维与我们如影随形,一刻也无法分离。外部环境或他人无法时刻给予你依靠,即使你的身体也不行,你唯一可以永远依赖的就是思维的力量,这是一种持久的内在力量,根植于你的神经系统内部——本书将告诉你如何发展这种内在力量。

心理资源,如决心、自我价值感和善良,让我们具有了复原力,可以应对逆境,迎接挑战,把握机会。复原力可以帮助人们走出困境和创伤,但其作用远不止于此——它还可提升幸福感,一种发自内心的,充满快乐、爱和祥和的幸福感。值得注意的是,当你发自内心地感到幸福,你的内心就会愈加强大;反过来,你的复原力也会随之变强。幸福感和复原力相得益彰,相互促进,呈螺旋式上升。

要获得上述成就,关键在于如何将过往经历转化为大脑中可持续的内在资源,这被称为积极的神经可塑性。接下来,我将向你展示你如何利用它增强复原力,提升幸福感。

锻炼你的大脑

改变思维,首先要锻炼你的大脑,使之变得更好。随着你经历和学识的增加,大脑也在不断进行自我重塑。大脑回路经过反复刺激就会进一步增强。和其他学习过程一样,要想变得更加沉着冷静,更富有同情心,同样需要反复练习。

心理资源开发分为两个阶段。首先,要想让自己心怀感激、易于感受到爱,充满自信,我们就需要有这样的体验和经历。其次，尤为重要的是，我们必须有能力强化上述积极体验，使之长久存在于神经系统中。如若做不到这一点，后续所有的心灵治愈、成长和学习，都是一纸空谈。单纯拥有积极快乐的心理体验意义并不大，这也是当前许多积极心理学、人力资源培训、私人辅导和心理治疗的主要弊端。每个人都有过积极心理体验，但绝大多数都被浪费掉了，没在大脑中留下持久烙印。事实上，要想留住这些体验，只需稍加努力。为此，我将和大家分享一些行之有效的方法，以增强发生在日常生活中的美好体验。

这听起来很复杂，但其实简单易操作。人类大脑中，神经元通常每秒放电 5～50 次。因此，每天只需 1 分钟，甚至更短的时间，你就可以多次增强复原力和幸福感。但这也不是一蹴而就的事情，大脑训练和肌肉训练一样，要想取得成效，需要日积月累的付出，哪怕每次只努力一点点，长期坚持，也会有进步。行动起来吧，你会得到你想要的结果。

三大需求与十二种基本内在力量

俗话说得好：人生就像一场旅程。长路漫漫，我们需要各种补给和工具。在本书中，我将尽我所能，为大家提供最佳补给和工具。我将与大家一起探索如何培养和利用内在力量满足自身需求，进而帮助其他有需要的人。

人人都有需求。当需求无法被满足时，我们就会焦虑、紧张、沮丧、痛苦，幸福感也会随之降低。但如果你有较强的复原力，面对人生挑战时，就更容易克服困难，满足自身需求，提升幸福感。

人类需要满足三种需求：安全感、满足感和联结感——在人类漫长的演化中，它们一直都在。在过去的二十万年间，虽然人类的生存环境发生了翻天覆地的变化，但大脑并未发生太大改变。我们的祖先通过寻找庇护所获得安全感，通过获取食物实现满足感，通过与他人联系建立联结感，而控制这一切的神经机制，时至今日，依然存在于我们的大脑中，从未改变。

满足三大需求，主要有四种方法：认识到什么是真实的，为自己提供资源，调整思想、感情和行动，以及巧妙地与他人和更广阔的世界建立联系。利用这四种方法解决三大需求，你将会获得十二种基本内在力量——本书共十二章，每章对应一种内在力量。

需求	辨识内心	培养内在资源	自我调整	联结他人
安全感	自我关怀	保持坚毅	平静者生	勇敢无畏
满足感	正念之道	感恩之心	明确动机	自我实现
联结感	终身学习	自信满满	亲密关系	慷慨利他

获取上述内在心理力量，就像走路一样，需要逐步实现。首先要做的就是自我关怀，把这作为第一步非常有必要，因为只有认识到自身深层需求并有所感，才会采取行动满足需求。而我们把慷慨作为最后一步，是因为只有在你内心变得越来越强大后，才会更有能力帮助他人。

随着内心逐渐强大,你的复原力也会越来越强,各种负面情绪,如焦虑、紧张、失望、沮丧、孤独、痛苦和愤恨等,也会逐渐远离你。即使遭遇生活巨浪的袭击,只要内心充满爱和满足感,你也会坦然迎接、沉着应对。

如何利用本书

本书提供了很多切实有效的方法,指导大家如何体验和利用关键心理资源,增强复原力,获得幸福感。在这里,你不仅可以了解大脑的相关知识、体验式学习方法、培养特定内在力量所需的工具,还可以获得很多对日常生活有用的建议,以及真实的个人体验范例。如何学习因人而异,我将尽我所能为大家提供多种选择,帮助你找到最适合自己的方法。

阅读本书,有多种方法。你可以制订一个年度个人成长计划,每月阅读一章;也可以根据自身情况,找出当前最迫切的需求,如安全感,专注学习相关章节内容。本书十二章,对应十二种内在力量,它们就像一个个网络节点,相互连接,构成一个整体,彼此之间相互支撑。对于你最想掌握的力量,也可以优先选择阅读,适合最重要。你也可以优先阅读第 2 章 "正念之道" 和第 3 章 "终身学习",这两章是全书内容的基石,主要介绍基本原理和各种方法。进行体验式学习时,你可以一边轻声阅读,一边实践,也可以大声朗读并录下来,冥想时再次倾听。

本书不提供心理治疗,也不是治病良药。但一直以来,我都努力寻找心理问题的核心，期望引发大家关注。一定要善待自己，尤其是在进行体验式学习实践时。学习我的方法，不是要求你生搬硬套，而是要根据自身需求适当调整。

现在，与科学、临床心理学以及冥想相关的有用信息很容易获取。同时，也因为本书涉及的内容较多，简化了对神经学知识的解释，没有提供具体的治疗方法和训练，也没有对复原力、幸福感和相关主题的大量学术文献进行综述总结。如若想了解更多信息，可以通过书后提供的参考资料，包括幻灯片、研究论文等，也可以登录 www.RickHanson.net，获取免费资料。关于传统冥想，我最了解的是佛教冥想，并从中学到了很多理念和方法，在此与大家共享。本书是基于我的在线体验课程"幸福的基础"（the Foundations of Well-Being），但没有完全遵循它的结构。

方便起见，本书将以第一人称"我"（里克·汉森）进行论述。毋庸置疑，我的儿子福里斯特·汉森对本书的贡献不可忽视，对本书每一页内容，他都有自己深刻的理解，并提供了独到的见解。与他一起共著此书，我倍感荣幸和快乐。本书是我们共同努力的成果，相信它能够为大家提供帮助。

我们真心希望你会喜欢它！

目录

第一部分
辨识内心
/ 001

第 1 章　自我关怀　　　　/ 003
第 2 章　正念之道　　　　/ 019
第 3 章　终身学习　　　　/ 049

第二部分
培养内在资源
/ 075

第 4 章　保持坚毅　　　　/ 077
第 5 章　感恩之心　　　　/ 097
第 6 章　自信满满　　　　/ 113

第三部分
自我调整
/ 133

第 7 章　平静者生　　　　/ 135
第 8 章　明确动机　　　　/ 161
第 9 章　亲密关系　　　　/ 181

第四部分
联结他人
/ 205

第 10 章　勇敢无畏　　　/ 207
第 11 章　自我实现　　　/ 233
第 12 章　慷慨利他　　　/ 251

致谢
/ 273

第一部分

辨识内心

第 1 章

自我关怀

我若不为己,谁又会为我?不是此时,又更待何时?

——拉比希列

我六岁那年,发生了一件大事。当时我家在伊利诺伊州,旁边就是一大片玉米地。我记得那天傍晚,我站在屋外,看着拖拉机车辙里积存的雨水,再回头看向我家的房子,想起屋里爆发的冲突,我虽然很想回去,但又十分惶恐。看着远处山上其他人家的灯火,我想,他们可能都很幸福吧。

今天,作为一个成年人,我理解了我的父母,他们都是善良正直的人,但也有各自的压力。总的来说,我的童年算是幸福的。我父亲辛勤工作,母亲则在家照顾我和妹妹。我不记得那天晚上具体发生了什么,可能只是一次普通争吵,但当时那种自我关怀我依然记忆犹新,恍如昨日。我当时心情沮丧,我很在意这一点，我一心想让自己好受一些。多年后，我知道了这就是"自我关怀"——承认痛苦，并希望能够减轻痛苦。我们可以关怀他人，当然也可以给予自己关怀。

我清楚记得，当时的我就知道，未来如何生活，如何找到那些光、那些幸福的人，以及如何获得幸福，一切都取决于我自己。我爱我的父母，无意冒犯他们，但我也要为自己而活。因此，我下定决心——不管是作为一个孩子，还是一个成年人，我都要尽己所能，让自己生活得幸福快乐。

我的幸福之路始于自我关怀，大多数人都是如此。自我关怀是获得幸福的基础，如果你不在乎自己的感受，心情不好也不会想办法解决，那你很难获得幸福，强大的复原力也就无从谈起。关怀是一种既温柔又强大的力量。研究表明，当人们感受关怀时，大脑运动规划区域便开始准备行动。

关怀是一种心理资源、一种内在力量。在本章中，我们将探索如何培养关怀及自我关怀，并将其为己所用，在后面的章节中，我们还将介绍如何将关怀带给他人。

善待自己

人们得到尊重和友好对待，就容易展现美好的一面。同理，如果我们善待自己，也会得到同样的结果。

但绝大多数人往往容易善待他人，善待自己却很难。我们能理解他人的痛苦，擅于发现他人身上的优点，也会友善公平地对待朋友。但我们又是如何对待自己的呢？对待自己时，我们往往非常苛刻、挑剔，自我批判和自我否定是常态，很少自我肯定。

想象一下，像对待朋友一样对待自己，会怎样呢？你会感受到鼓励、温暖和关怀，进而自愈并成长。想象一下，选一天完全为自己而活，又会怎样呢？赞赏自己的善良和仁慈，少些自我批评，会是什么感受？

为自己而活

善待自己很重要，也是公平的体现。明白了原因，有助于我们加深理解。否则，你会一直受这样的想法困扰，比如"只考虑自己，太自私了""没人会爱你的""你真是糟糕透了""一看你就成不了大事"……

首先，我们应该尊重善待每个人。毋庸置疑，这里的每个人也包括你自己。真正的黄金法则是双向的：善待他人的同时，也要善待自己。

其次，我们对某人的影响越大，就越有责任善待他们。例如，外科医生对他们的患者影响很大，他们就要对患者负责，给他们做手术时就要谨慎。那么，你对谁影响最大？当然是你自己：既包括现在的你，也包括未来的你——下一分钟、下一周、下一年的你。如果在你眼中，你也是自己需要善待和负责任的对象，那么，你对自己说话的方式和你每天的生活方式，会发生哪些变化？

最后，善待自己就是善待他人。当一个人自身幸福感提升了，和他人交往时，就会更有耐心、更体贴，也更易于合作。想想看，一个心平气和，心中充满爱和满足感，几乎不会感到紧张、焦虑的人，会给他人带来多大好处。

善待自己，尊重和关爱自己绝对是一件好事。事实胜于雄辩，我们可以通过实践来证明。例如，写一些简单的句子，类似"我为自己而活""我认同我自己"或"我很重要"等，然后大声朗读出来，或者张贴在每天随处可见的地方。设想一下，告诉某个人，你更注重自己需求的原因；也可以想象一下，你的朋友、导师告诉你一定要"为自己而活"——请他们说服你。

关注自己的感受

1969年，我离开家，去加州大学洛杉矶分校读书。当时我是一个极度理性的人，喜欢思考，沉迷于自己的精神世界，我认为这样做，可以让我远离沮丧、痛苦和焦虑的情绪，但当时我对此一无所知。为了自我治愈和成长，我必须和自己建立联系。20世纪70年代，加州是人类潜能运动的中心。该运动心理疗法倡导原始尖叫呐喊，加入谈心小组，按要求敞开心扉等，虽然看起来有些怪异，但我依然投身其中。我逐渐学会了调整自己的情绪和身体的感觉。更重要的是，我开始关注自我感受，认同自己，支持自己，不再漠视和挑剔自己。这样做让我感觉很好，所以我坚持了下来。和肌肉锻炼一样，每当我关注这些积极体验时，它们都会得到加强。经过多次反复的强化，我们自然而然就会养成善待自己、鼓励自己的习惯。

多年后，我成了一名心理学家，我明白虽然当时自己完全凭直觉行事，但的确有用。我强化大脑心理资源的有效方法是，关注与之相关的体验，比如"为自己喝彩"，并不断重复，最终发展成固有的内在力量。

在"正念之道"和"终身学习"两章中，我将详细介绍如何将你的想法和情感转化成持久的内在力量——这是真正的复原力的基础。原理很简单：首先，体验你想要在自己身上培养的心理资源，如自我关怀或感恩；其次，专注于该资源，反复练习，巩固强化其在大脑神经系统中的连接。

这就是大脑发生积极变化的基本过程。要想充分了解这一过程，可根据下方的表格进行练习。整个练习只需1～2分钟，当然，你也可以慢慢做，效果会更好。就像我一直以来强调的，练习时根据自己的需求适当调整。在日常生活中，注意观察，如果在某一刻有了关爱自己的感受，肯定自己的态度，尽可能多体验一会儿，沉浸其中，细细品味，养成习惯。

关爱自己

回想一个你关爱他人的时刻：可以是保护孩子或鼓励朋友的时候，也可以是安慰年迈生病父母的时候。回想一下你当时的肢体语言，比如你肩膀的姿势或脸上的表情；再想想你当时的想法和感受：关心的、坚定的，或者极度紧张？

当你了解到关爱他人的感觉，现在，把这种态度应用到自己身上。把自己看作自己的盟友——一个会照顾你、帮助你、保护你的人，认为你值得拥有这一切，重视你的需求。

当然，如果出现了其他反应，比如你觉得自己不配，也很正常。知道就可以，无须多关注，立刻回到希望自己幸福的感觉上来。把注意力放在美好体验上，尽可能多停留一会儿。

回想一下你真心关爱自己的时刻：可能是工作遇到困难时的自我鼓励，也可能是驳斥伤害你的人的时刻。回想一下当时自己心理和身体的感受。记住你当时的想法，比如"为了公平起见，他们也应该帮助我"。保持这种体验，并在大脑中巩固强化。

认真体会这种全心关爱自己的感觉。感受自己作为自己的挚友，支持自己时的感觉、想法和愿望，把它们融入你的内心，变成你的一部分。

关注自己的痛苦

同情心是感知他人痛苦，小到身心不适、大到难以忍受的痛苦所引发的共鸣，以及随之而来提供帮助的渴望。给予关怀有助于你缓解压力，保持身心平衡；而接受关怀可以给予你力量：获得喘息的机会，调整自己，继续勇敢前行。

自我关怀获得的好处是双倍的。正如你可以看到他人肩负的压力和重担，自我关怀也可以让你看到自己的压力。你能对他人的痛苦感同身受，也就能感知自己的痛苦。在支持帮助他人时，不要忘了自己也需要支持帮助。在没有他人能给予你同情和关怀时，自我关怀就显得尤为重要。

自我关怀并不意味着沉溺于痛苦和抱怨不可自拔。遭遇困境时，自我关怀是你蓄势待发的起点，而不是放弃的终点。克里斯廷·内夫等学者的研究表明，自我关怀能够提升一个人的复原力，令人变得更有弹性和适应力。自我关怀能让你不会过度自责，对自己吹毛求疵，有助于肯定自我价值；它也有助于你实现理想和抱负，获得成功，而不是变得自满和懒惰。自我关怀是人类共性：世人皆苦，都有可能面临疾病和死亡，也可能会痛失所爱。每个人都有脆弱的时候。就像莱昂纳德·科恩歌中所唱的那样："万物皆有裂痕，那是光照进来的地方。"每个人都会感到痛苦，人人都需要关怀。

自我关怀的挑战

然而，对很多人来说，自我关怀充满了挑战性。其中一个原因和我们神经系统的工作方式有关。我们的体验会改变大脑连接，尤其是负面体验——特别是那些发生在童年时期的糟糕经历。小时候，如果父母或周围人经常忽视贬低你，无视你内心的渴望和需求，你就很容易效仿，以同样的方式对待自己。

例如，我的父母很爱我，对我也很负责任。我非常感激他们。但在我的成长过程中，他们经常批评我，他们不理解我的痛苦，也很难给予我关怀。潜移默化中，我内心也觉得自己不值得被爱。我很容易同情他人的遭遇，与之产生共鸣；但在面对自己的痛苦时，我往往选择无视，并困惑自己为什么面临的痛苦越来越多。

练习自我关怀

我们一定要学会自我关怀。一生中我们要学很多东西，比如骑自行车、向朋友道歉，或者让自己摆脱烦恼。那么，关于自我关怀，要如何学习呢？

不管哪种心理资源，培养的关键都在于多次重复相关体验，形成神经结构（或功能）的持久改变。关怀亦是如此。用老式唱片录制歌曲时，随着歌曲的录制，唱片上留下了一圈圈痕迹。心理资源开发也是同样的道理，有了相关体验后，内心深处必然会打上烙印，留下痕迹。

当你有了愉快或有意义的体验时——可能是工作中完成报告后的满足感，或者辛苦一天后扑进沙发的轻松感，请关注这些感受。你也可以刻意创造某种你想要的体验，比如支持自己的感受。一旦有了这种体验，充分感受它，花点儿时间做1～2个深呼吸，甚至更长，保持这种状态。重复的次数越多，就越容易把这种心理资源内化。

进一步强化自我关怀能力，可以做一做下方表格中的练习，只需几分钟。一旦你养成了自我关怀的习惯，它就会自然而然地发挥作用。

自我关怀

回想一下自己被重视、被关怀的时刻，不管其来自他人、宠物或是神灵。对你表示关怀的所有形式都很重要，比如被接纳、认可、感激，被喜欢或被爱。放轻松，敞开心扉感受他人的关爱。感受过程中可能会走神，没关系，再次回来就好。认真体会这些感受，沉浸其中，像海绵吸水一样，吸收这些体验。

然后，想象一个会让你产生同情感的人——一个生病的小孩、一个正在闹离婚的朋友，或者世界另一端的难民。感知他们的烦恼、焦虑和痛苦，你会担心、同情，想要提供帮助。你会真心为他们祈祷："愿你减轻痛苦……""愿你找到工作……""愿你战胜病魔……"全身心感受你的关怀和怜悯，认真体会当时的感受。

知道了关怀他人会有哪些感受，现在把它应用到自己身上。回想一下那些让你感到压力、疲惫、被误解或者不愉快的事情，或者生病时，给予自己关怀，就像你关怀他人一样。每个人都可能遭受痛苦，你也不例外。把手放在胸口，为自己祈祷——"愿我不再经历苦难"，"希望尽快结束这痛苦"，"愿我不再焦虑"，"愿我早日康复"……想象一下，关怀就像天降甘露，洒落在你身上，消除你的疲惫和痛苦，抚慰你的渴望。

复原力

接受现实

一次,我和朋友去攀登惠特尼山。我们从东侧登顶,返回时打算穿过一条积雪覆盖的山谷。当时是10月份,雪水融化后结了冰,我们不得不小心翼翼地前行。天渐渐暗了下来,路也慢慢地看不清了。由于担心掉落山谷,我们决定在一块狭小的岩石上过夜。坐在岩石上,我们裹着毯子,双脚蜷在背包里,依然冻得瑟瑟发抖。

我并不想在那里过夜,但我必须接受现实。否认危险,高山夜行很可能会害死我们。在高山上,关爱自我就必须认清现实并接受它。接受现实当然也会产生各种情绪反应。例如,遭遇不公时,我们不得不接受现实,但这不意味着不愤怒——接受并不意味着自满或放弃,我们可以在接受的同时,努力让事情变得更好。

我也需要接受内心的感受。又累又冷、惶恐不安,这就是我当时的真实感受。当时我已经很紧张,如果推开这些负面情绪,只会给我带来更大压力,让情况变得更糟糕。必须承认的是,凡事都要往好了想,积极乐观心态有助于我们克服困境。但前提条件是,我们只有接受自己的真实反应,才会起作用。隐藏伪装真实感受,只会让我们的努力白费。不接受真实的自己,就无法认清事实,解决问题也就无从谈起了。

自我就像一座大房子,里面有很多房间,每个房间代表一个方面。不能接受哪个方面,就如同关上了哪个房间的门。比如"哦哦,我不能显得很脆弱,所以最好关上那道门","求爱让我看起来像个傻瓜,我再也不要那样做了,把那个房间也锁起来","我一兴奋就容易犯错,都是激情惹的祸,把那个房间的钥匙扔掉"……但是,如果敞开所有房间的门,会怎么样呢?你不仅可以看清各个房间的内部情况,还可以确定自己的行动,以及哪些方面可以向外界展示。接纳真实的自我,你就会越来越自制,知道自己该做什么,不该做什么。完成下方表格中的练习,有助于你加深理解。

自我接纳

环顾四周,看看周围有什么东西,然后接纳它的存在。体会接纳的感受。

想一个朋友,回想他的各个方面。想象一下,接受他的这些方面是什么感受。是否让你感到放松、开放和平静?

留意自己的体验。什么都不要想,试着接受你目前经历的一切。你感受到自己的呼吸了吗?如果有人评价你,你会接受吗?试着告诉自己:"我接受这个想法。""我接受这种痛苦。""我接受'我很感激或伤心'。"如果遇到阻力,你会承认吗?遇到困难挑战时,回忆一下自我支持和关怀的感觉。要明白,接纳本身就是一种体验,是一种直面现实、坦然接受、不逃避不抗拒的态度。接纳生活中的一切，勇敢面对。

　　留意自己的不同方面，包括你喜欢的和不喜欢的。你可以告诉自己"这是爱甜食的我……这是孤独的我……爱挑剔的我……这部分的我感觉还很年轻，这是部分的我渴望被爱"。然后从最容易接受的部分开始，逐渐接纳自己的全部。如果有些方面一时很难接受，这很正常，没关系。如果你愿意，可以稍后再看。你可以对自己这样说："我接受爱孩子的那个我……我接受把脏盘子放在水槽中的那个我……我接受在学校受欺负的那个我……我接受满心仇恨的那个我。"这个过程有助于软化我们的内心，让我们敞开心扉，接受包容自己的不同方面。敞开双臂，拥抱完整的自己，接纳真实的自我。接纳自我，使之成为你内在的力量。

享受生活

　　如果一家公司获得了"快乐"的专利，那么每晚电视上定会全是它的广告。愉悦的体验（如抚摸小猫、喝水解渴、对朋友微笑等）不仅可以减少压力激素分泌，加强免疫系统功能，还可以在你紧张焦虑时，帮你稳定情绪。

　　一个人越快乐，其体内产生的神经化学物质（主要包括多巴胺、去甲肾上腺素、阿片类物质）也会随之增多。在你的大脑深处，当多巴胺水平增加时，基底神经回路就会优先考虑和追求奖赏性行为。如果被激励做某件事，比如锻炼，吃健康的食物，或者在工作中完成一个艰难的项目，关注它们带给你的快乐，你自然就会坚持下去。去甲肾上腺素可以提高人的警觉性，提高注意力。在一个无聊的午后会议中，找一些能够带给自己愉悦感的事情做，可以是任何事情，这有助于你保持清醒，提高工作效率。天然的阿片类物质，包括内啡肽，能够缓解身心疼痛，减轻压力。

多巴胺和去甲肾上腺素会将积极体验标记为"守护者"，并不断加强巩固，让积极体验成为大脑中内在的持久心理资源。例如，你希望对家人或工作更有耐心，想培养这种内在力量，那么你就要有相关体验。在这样的体验中，注意耐心带给你的愉悦感受，如冷静和放松的美好感受。耐心或其他心理资源都是一种精神状态，享受这种状态有助于形成积极的心理特质，并将其植入你的大脑，使其成为你的一部分。

享受生活是一种很有效的自我关怀的方法。回忆一些你喜欢的事情。闻咖啡醇香的味道，和孩子闲聊，看到几株小草从人行道的裂缝中钻出来，这一切都会让你感到愉悦。巨额财富不一定让人快乐，真正的快乐源自日常生活中的小事，哪怕在最艰难的时刻，也能感受到快乐：与朋友友好相处时，呼气放松时，劳累一天迷迷糊糊睡着时。不管外界如何变化，每个人在内心深处，都可以找到让自己的快乐的事情：也许是一个私密的玩笑、自己想象的一段经历，或是感受到了自己内心的温暖。

这些享受生活的小方法蕴含了一个大道理：随着时间推移，

小事一件件累积,就会带来巨大改变。有句谚语说得好:"认真过好每一分钟,就可以过好整个人生。"

人生中,哪一分钟最重要?我觉得是下一分钟。对于过去,我们已经无能为力;对于未来的几个小时或几天,我们影响有限。但下一分钟,一分钟又一分钟,永远充满了无限可能性。你是否有机会力挺自己,关心自己的痛苦,接受自己,并尽情享受?下一分钟,有没有什么是你可以治愈的,或者你可以学习的?

一分钟接一分钟,一步接一步,一种力量接一种力量,日积月累,在内心深处,让各种美好的内在力量不断增长,为了你自己,也为了他人。

本章要点

- 关怀,既包括对痛苦的关切,也包括想要尽可能减轻痛苦的愿望。关怀既可以给予他人,也可以给予自己。
- 关怀是一种心理资源、一种内在的力量,可以随着时间的推移而逐渐成长。培养内在力量,需要相关体验,正是这些体验导致神经系统的持久变化,使我们最终形成了内在力量。
- 力挺自己,关心自己的痛苦,有助于增强复原力和自信心，提升能力。善待自己就是善待他人。
- 接受事物本来的样子，包括你自己。这样在遇到任何事时，不仅可以有效应对，阻力和压力也会更少。
- 享受每一刻，快乐一整天。这有助于减轻压力，与他人建立联结。一个持久的好处是，能够提升体验式学习的能力。
- 从小事做起，日积月累，小事也会变成大事。每天多次练习，可以有效改善大脑功能。

第 2 章

正念之道

注意力教育是最卓越的教育。

——威廉·詹姆斯

正念意味着专注此刻，活在当下，不分心走神，也不纠结执迷，陷入沉思。正念冥想，一呼一吸间觉知当下并不难，关键是长时间保持专注。很多研究表明，正念可以有效缓解压力，改善情绪，让身体更健康。

当你坐在垫子上，手里捧着一杯热茶，就很容易保持专注，但当你感觉紧张或情绪波动很大时，如和爱人激烈争吵，就很难保持专注及清醒。正念似乎总是在你最需要它的时候，变得遥不可及。

培养正念的力量，首先要在实践中提升注意力稳定性。专注自身，就不容易受外物干扰，不容易紧张焦虑。随后，我们将通过三种思维引导方式了解正念的作用，弄清楚如何利用正念满足人类三大基本需求，即安全感、满足感以及联结感。在本部分的最后，我们将一起探索大脑应对挑战的两种方式，以及面对挑战时，如何利用正念消除内心的恐惧、挫败和痛苦，让心中充满宁静、满足与爱。

稳定心态

重复体验可以改变大脑神经回路，即专业上讲的"经验依赖性神经可塑性"，而你的体验取决于你关注的事物。老话说得好："人如其食。"对身体来说的确如此。作为一个有意识的人，你长期关注的东西，决定了你未来成为什么样的人。日常生活中，你是每天关注有益的、令人愉悦的事情，乐观积极，还是整日被焦虑或怨恨困扰，逐渐变得怨天尤人？

要想将过往体验转化成持久的内在力量，需要长时间关注一种体验，然后将其整合到神经系统中，形成固定回路。遗憾的是，很少有人能够长时间集中注意力，我们很容易走神，胡思乱想。出现这种情况，原因有很多：我们生活在一个飞速发展、信息爆炸的时代，人们往往热衷于一心多用，喜欢追求刺激；另外，压力、焦虑、抑郁和痛苦等负面情绪也会导致我们的注意力难以集中；而且，有些人天生就比其他人更容易分散注意力。

正念训练

提升注意力,正念练习很重要。正念可以帮助你从有益体验中获得最大好处,同时减少压力和有害体验对你的影响。正念还可以监控注意力流向。"正念"一词源自古印度早期佛教用语——巴利语,意为回忆。正念训练可以帮助你珍藏美好记忆,而不是遗忘;它能帮助你集中注意力,而不是分心走神。

利用正念培养注意力时,关注的对象可大可小,你既可以集中注意力在穿针引线等琐事上,也可以从宏观的角度,聚焦观察整个意识的持续流动。你可以利用正念观察自己的内心,在失望时感受内心的痛苦;也可以通过正念关注外部世界,比如雨天从你身旁疾驰而过的卡车。

除此之外,练习正念,不仅能让我们学会自我关怀,而且能提高我们对危险(如拥挤的高速公路上疾驰而来的卡车)的警觉性。但是,正念不能改变我们的体验和行为。正念意味着承认和接纳,而不是评判和指导。通过正念训练,我们可以有意识地觉察当下的反应,排除过往经历的干扰;也可以跳出当前反应,站在旁观者的角度,专注冷静地观察一切。接受事物原本的样子,并不意味着认同。当然,练习正念的唯一方法就是被动地见证自己的过往。在与他人交谈、做出选择、完成一件又一件事情时,你同样可以保持专注,练习正念。

加强正念

正念训练就像肌肉训练，在日常生活中，可以通过训练不断强化。持之以恒地坚持正念训练，本身就体现了一种美好品质——脚踏实地、坚定不移。

有意识地觉知

你是否也曾迷失在某种遐想中，比如因为钱财而忧心忡忡，或担心朋友对你的看法，然后又突然从遐想中"惊醒"？这就是一种正念体验。走路上班时，在窗前驻足远眺时，或者睡前回顾一天的经历时，你都可以保持当下的临在。

无论何时有了正念的体验，都要知道正念的感受。保持清醒，有意识地观察当下……保持住。同时也要注意，不要分心走神。一旦发现注意力分散，立刻拉回来。你可以在手机上随机设置提醒，选一些轻柔的铃声，提醒自己专注。只要稍加练习，下次铃声响起时，你自然就会变得专注了。

减少干扰

你可以利用手机上的免打扰模式避免短信和电话的干扰。从某种意义上说，你的注意力就是你的财富。尽你所能，保护好你的财富，未经你的允许，他人或外界都无权把它从你身边夺走。试着慢下来，全神贯注，一次只做一件事。

将正念融入你的生活

与他人交谈或做事情时，注意调整呼吸。这有助于你保持冷静，觉察当下。通过呼吸调整注意力，建议每天多次练习。你可以在进行一些日常活动（如吃饭）时，稍做停顿，让自己冷静下来，有意识地觉察当下。你也可以通过做一些自己喜欢的事情来提高注意力，比如做手工或玩填字游戏，这些都需要集中注意力。

冥想

冥想有很多方式和传统。总有人问："哪种冥想最好？"在我看来，最佳冥想就是你亲自实践后，能够长期坚持下来的冥想。这也是对你最有效、可以让你快乐的冥想方式。每天坚持一分钟或几分钟的冥想——哪怕在睡前的几分钟也可以。我一直在坚持冥想，必须承认的是，它给我的生活带来很大改变。我从1974年开始冥想，发现最强大的冥想通常是最简单的。建议你尝试下方的冥想练习。

简单冥想

拿出几分钟时间（也可以更长），找一个安静的地方，坐下、站着或者躺下都可以，尽量让自己感到舒服。你也可以在房间里慢慢来回踱步，集中注意力在某个可以帮助你留在当下的事物上，比如一种感觉、一个词、一个图像或某种情感。下面我以呼吸为例介绍整个练习，当然，你也可以自行调整，选择其他关注的对象。

呼吸时，关注自己面部、胸部、腹部或整个身体的感受。吸气时，集中注意力，有意识地感知自己的呼吸过程；呼气时，同样注意观察。重复多次。如果可以的话，在一呼一吸间，心中默数4个数，10个数也可以，然后开始下一次呼吸，如果数错了，那就从1重新开始。你也可以轻声念一些词，如"吸……呼……升……降"。如果发现自己走神了，那也很正常，察觉后，立刻拉回注意力就好了。

呼吸时，尽量放松。各种声音、想法、记忆和感觉，在意识中来来回回，不要试图压制它们。相反，远离干扰，不抗拒悲伤，不苛求快乐，专注于当下，放下过去，无惧未来和未知。心无杂念，不问目的，不问前程。深呼吸，放松身心。

抛开压力，看看自己内心是否越来越平静。找准自己的节奏，看看是否获得了满足感。如果喜欢，就敞开心扉去爱。在冥想中，你也会出现痛苦和焦虑情绪，没关系，不要管它们，继续专注于呼吸，慢慢体会内心逐渐增加的幸福感。

冥想时，感受轻松和其他愉快体验蔓延全身，将其融入身心，使其成为你的一部分。在冥想练习的最后，用心体会此次冥想带来的好处。

寻求庇护

正念有助于你深度认识自我。这种感觉很美妙。但如果你没有做好准备，敞开心门后，反而会感到恐惧和不舒服。20 世纪 60 年代末，当我开始读大学时，常听人们说："嗨，哥们，去体会你的感受，体验你的经历。"在我看来，这样的说法太不可思议了。我受过伤害，现在我为什么要揭开伤疤，再次感受当时的痛苦？但我知道，我必须敞开心扉，虽然我很害怕。我不知道打开心门，里面会跑出什么，我急需安全感——我需要到独属于我的庇护所。

小时候，我常常溜出家门，跑到附近的橘子林和山丘上待着。爬树或在户外能够让我放松，并觉得自己很强大。回家时，我依然能够体会到那些美好感受，似乎那些橘子树和山丘根植于我的身体里，我可以在心里随时向它们寻求安慰和支持。多年后，在大学里，我再次找到了当时那种被大自然庇护的感觉，这让我有勇气探索隐藏在内心深处令人恐惧的记忆——真说起来，那些隐秘的记忆也没有我担心的那么令人痛苦。

了解你的庇护所

任何能够为你提供保护、滋养和鼓舞你的人或物，都可以是你的庇护所。生活不易，每个人都有自己的难处，都有过不愉快的经历。每个人都需要庇护所。那么，你的庇护所是什么呢？

一只宠物或某个人都可以成为你的庇护所。我的妻子是我的庇护所，福里斯特从朋友那里寻求庇护。某个地点也可以成为你的庇护所，比如你最喜欢的咖啡店、教堂、图书馆或公园。某些物件也可以成为庇护所，一杯咖啡、一件舒适的毛衣，或者辛苦一天后阅读的一本好书，这些都可以为你提供庇护。你也可以在某些活动中找到安全感——比如遛狗、弹吉他，或者在睡觉前看会儿电视。

庇护所也可能是无形的。对我来说，户外活动的记忆，就是我最重要的庇护所——儿时爬橘子树到成年后荒野旅行的记忆，都能够带给我安全感。对你来说，也许记忆中祖母在厨房忙碌的身影，或者在你膝头安然熟睡的孩子，都能给你安全感。对一些人来说，只有宗教圣物才可以给他们最大的庇护。思想同样可以给人安全感，如科学发现或圣人智慧，或者相信你的孩子深爱你的信念。

但人生最重要的庇护所是一种信念——坚信自己内心的美好。你的正直、友好、仁慈、善良，有能力和乐于付出，所有这一切都可以带给你安全感，是你最可靠的庇护所。

充分利用你的庇护所

在日常生活中，有很多事情可以为你提供庇护，如清晨的沐浴、和朋友之间的深厚友谊、通勤路上倾听的音乐，或者睡前感恩的心情。你也可以通过下方的练习，为自己打造一个可以持久体验的庇护所。

找到庇护所后，放慢你的节奏，体验它带给你的感觉——很可能是一种放松、安心和解脱的感觉。保持这种感觉几秒钟，甚至更长时间，体会其中的美好。让这种感觉浸润你的内心，变成你的一部分，在任何需要的时候都可以调取。

在冥想时，如果你的思想受到外界侵扰，让你心烦意乱，那么可以收回思绪，集中注意力在你的庇护所上，体会它带给你的感觉。在这里，你可以无惧外面的狂风暴雨。待暴风雨平息，你的内心依然平静而祥和。

寻求庇护

为自己确定一个庇护所，可以是一幅美丽草原的图片、一段和爱人的回忆，或者一句充满智慧的谚语。全身心认可这个庇护所，从中寻找安全感，保持住这种感觉，让它融入你的身心。

试着给这个庇护所起一个只有你知道的名字，比如"我将在 _____ 寻求庇护"。体会此时的感受，让这种安全感在内心生根发芽。试着给其他庇护所命名。

不要觉得庇护所离你很远，与你是各自分开的，事实上，它一直在你的内心。试着对自己说："愿我来自……我一直住在……愿我因……而斗志昂扬。"从这个角度来看，庇护所如同一股健康有益的暖流，带着你前进。

你也可以在感恩中，在他人对你的关爱中，在自身的善良和正直中，寻找安全感。任何你希望的事物，都可以成为你的庇护所。

集中注意力在你的庇护所上，全身心投入进去。

顺应，放手，接纳

临床心理学、心理辅导、人力资源培训、个人成长研讨会以及各种传统冥想理论为我们提供了很多方法，希望我们变得更快乐、有爱、高效、明智。根据各个方法的不同特点，大致可以将其分为三大类，即三种主要思维方式。

第一类：与当下共存。体会你的感受，体验你的经历。无论悲苦，试着从不同方面探索一段经历，比如这段经历带来的感觉、情感、想法和欲望，可以的话，深层挖掘内心深处的脆弱，如隐藏在愤怒背后的伤痛。专注当下的过程中，某种体验可能会发生改变，没关系，只要不是刻意为之就好。

第二类，你可以通过预防、减少或结束等手段，减少消极情绪（如痛苦或悲伤）。例如，和朋友诉说痛苦，停止自我批评，不吃甜食以控制糖的摄入，或者通过放松身体缓解紧张情绪。

第三类，通过创造、培养或保护等手段，增加积极情绪（任何给你带来好处或者享受的感觉）。你可以通过加快呼吸给自己赋能。你还可以回忆和朋友相处的美好时光，找到切实可行的工作问题解决方法，或者多想想健康饮食的好处，这些都可以激励自己。

换句话说，要想自我治愈并获得幸福，就要顺应自然，学会放手和接纳。做到这一点，我们必须觉察当下，否则，一切都不存在。上述方法的练习需要思维的参与。例如，你可以利用第三种方法，即增加积极情绪，培养内在资源，如自我关怀，从而学会正视痛苦。

把你的意识想象成一个花园，然后通过这三种方法照顾它：观察、除草以及栽种鲜花。观察是基础，有时，你能做的只有观察；有时，可能会发生糟糕的事情，那就勇敢接受风暴的洗礼。但是，只有观察是不够的，我们必须为它做些什么。意识根植于大脑，大脑是一个物质体系，无法凭借自身力量变得更好。单纯观察花园，杂草不会凭空消失，鲜花也不会无端生长。

走出烦恼

上述三种思维方法给我们提供了一个路线图，可以引导我们一步步走出烦恼。假设你现在很紧张、痛苦或愤怒，首先，你要顺应内心的感受，正视它们的存在。用心体会身体的感受，你可能会有胸闷或胃痛的感觉。探索这些情绪、想法和渴望，以及内心深处最脆弱的地方。例如，一想到再次和他人约会，你就会焦虑不安，这很可能是因为上一次分手遭受的痛苦还未褪去。试着接受过往的经历，不要抗拒，即使它让你不舒服。站在自己一边，给予自己关怀。

其次，如果感觉尚可，就不要管它。深呼吸，缓慢呼气，把所有紧张排出体外。如果可以的话，向朋友诉说你的苦恼，也可以在洗澡时大喊，或者大声痛哭，想象有一道光注入你的体内，驱走了所有的悲伤和烦恼。把你的注意力从负面情绪中抽出来，拒绝接受夸大或虚假的想法，想想它们错在哪里。试着着眼于大局，要知道无论发生什么，都只是漫长人生中一个短暂的章节，不良欲望（如想要发泄怒气）可能会害人害己。把不良欲望想象成一块石头，把它握在手中，然后远远抛出去。

最后，如果你准备好了，就接纳它。正视自己遇到的困难，并感谢自己所有的付出。放松身心，留意或回忆一下释放负面情绪后随之而来的感受，如焦虑过后的安心感。集中注意力在那些正确有益的想法上，不要理会消极有害的想法，看看自己都有哪些收获。例如，是否更善待自己，是否更容易和他人相处。想想看，自己要做出哪些改变，比如乘飞机时早点儿去机场，或者在睡前不再和伴侣讨论金钱问题。

什么时候走到哪一步，相信自己的直觉。就像故事《金发姑娘和三只熊》中的三张床，对小姑娘来讲，一张太硬，一张太软，一张刚刚好。刚刚好的感觉，因人而异，取决于个人感受。例如，有那么一瞬间，你有了批评的想法，意识到了即将脱口而出的熟悉的嚷嚷声（"天哪，又来了，我又在对别人大吼大叫"），不要管这种想法，随它去。喋喋不休的唠叨毫无价值，获取了有用信息后，就不要管它了。

但有时，有些事真的很难面对，我们唯一能做的只有忍受。例如，如果一个人的伴侣去世，在再次敞开心扉接纳另一个人之前，他可能需要多年才能够走完前两步——顺应自然并放下。也许有人会催你快点，不要管，按照你自己的节奏来，但不要让自己一直沉溺在痛苦中，适时抽离出来，哪怕随后会再次感受到痛苦。童年阴影一直伴随我到成年。我很清楚，所有负面情绪蜂拥而至会压垮我，因此我是一步一个脚印、逐渐走出烦恼的。

如果你试着放手并接纳，又觉得这样过于肤浅或虚假，那么可以回到第一步，用心觉察，看看还有什么是你可以深入体验的，可能会发现一些更新、更柔软的东西。通过顺其自然—放手—接纳的过程，你可能会进入内心的更深处。此时，你同样可以运用这个过程，也许会走得更远，触及最深层的内心。集中注意力，认真观察，为你的花园除草种花，你会一路见证花园枝繁叶茂的样子。

照顾自身需求

我儿子福里斯特出生后不久，我的父母来看望我们。我母亲很兴奋，这是她第一个孙子。她把他抱在胸前，让孩子的脸贴着她的胸口，不断地说："哦！这个孩子可太可爱了，长得真好！"但孩子还小，无法抬头，因此看不到人，他开始变得不安。在我母亲对他不停地说话期间，他变得越来越烦躁。我小声对母亲说："呃，妈，孩子可能更想让你侧抱着他，这样抱着他不太舒服。"母亲大笑回答说："他哪里知道自己想要什么。"我很吃惊母亲会这样说，于是再次和她解释："他真的希望你能换个姿势抱他，因为在你抱起他之前，他一直乖乖的。"我母亲依然不以为意，说："谁会在乎小孩子的想法！"我小声嘟囔着说："我在意！"然后抱回了我的儿子。

从这个故事可以看出很多东西。我母亲是一个非常有爱心的人，福里斯特出生让她欣喜若狂。她会那样说，只是因为她从小就被灌输了这样两个理念：小孩子并不知道自己真正想要什么；即使知道，和成人的需求相比，小孩的想法并不重要。

没错，不论大人还是孩子，需求每次都得到满足是不可能的，有些有害的需求也不应该被满足。但必须承认的是，每种欲望背后所要满足的需求不一定不好。我母亲想和家人亲近。她需要付出爱，也希望得到回报；同时，她也希望得到重视和尊重。这些都是非常正常的需求。见到我们的兴奋感，加上她自身的成长方式，导致她在满足自身需求时采取的方法出现了问题——抱孩子手法不当，也没有尊重儿子和儿媳妇的想法，当然她本意是好的。

需求和欲望往往很难分得清。一个人的基本需求，很可能是他人渴望得到的，因此没必要在二者之间划出清晰的界限。每一种生物，包括复杂的人类，都会主动满足自身需求，追求自身欲望。欲望是一种本能，是不可避免的。因此，深入了解自己的需求和欲望——以及你对它们的感受，可以帮助你更有效地满足它们，更全面地接受自己。

了解欲望

想象自己与欲望相关的体验，比如偏爱某个东西，追求目标，提出要求或者坚持某件事。尤其要注意，他人对你需求和欲望的反应对你产生的影响。如果他们认同你，你可能会感觉很好。但如果他们无视、反对或阻挠你，你就会觉得自己的需求和欲望不重要，甚至会为此感到尴尬或恶心，更有甚者，你会觉得自己不重要，认为自己一定做错了什么，应该抑制或隐藏自己的需求和渴望。

和其他体验一样，这些不良感受也是习得产物，最终会储存在你的大脑中，在你的情感、社交和躯体中留下痕迹。这种习得在我们很小的时候就开始了，那时的我们，需求的满足很大程度取决于他人能否准确解读，然后善意有效回应。同时，我们也在学习了解欲望本身：哪些欲望是被允许的，可以追求；哪些欲望需要伪装，但可以私下里追求；哪些欲望被认为是可耻的，必须抑制。

学习正念，让你有机会审视自己的内心，更好地了解自己。拿出一些时间，回答如下问题：

- 你的父母是如何回应你的欲望的？在你的成长过程中，关于欲望，你学到了什么？
- 作为一个成年人，其他人对你的欲望是什么反应？你的哪些欲望得到了支持？哪些欲望被忽视、批判甚至摧毁？你有什么感想？
- 今日，当你满足自己的需求和欲望时，过去的体验产生了哪些影响？你是否会对自己的欲望羞于启齿？
- 反思过后，你想做出哪些改变？你会对自己的欲望更坦诚吗？你会更加勇敢地满足自己的欲望吗？

三大需求

关注过去不仅有助于你了解当前的自己，也可以帮你更好地满足未来的需求。那么，你的需求是什么？心理学中，需求有很多种，总结了各种分类法后，我将人类需求分为三大类：

1. 安全感。我们既要保证最原始的需求——生存，也要保证自己敢于发声且不被攻击。满足安全需求，就要远离伤害，比如不碰热炉子或不招惹某些人。

2. 满足感。小到吃饱饭，大到找到生活的意义，都可以带给我们满足感。我们主要通过获得奖励提升满足感。例如，闻闻玫瑰的芬芳、做完家务，或开创一项事业，都可以带给我们满足感。

3. 联结感。不论是性方面的表达，还是感受到爱和自身价值，都需要和他人建立联结，如和朋友沟通、被理解、被认同，或者关怀他人。

任何一种生物,都有安全感、满足感和联结感的需求,人类当然也不例外,这三大需求是生命得以延续的基础。如何有效管理这三大需求,是基于6亿年人类神经系统的进化演变。简单来说,我们的大脑就像一座三层楼房,自下而上逐层搭建。

在大脑这座房子中,第一层也是最古老的一层叫脑干,它是在爬行动物进化阶段发展起来的,关注的是安全感,即生存。从本质上讲,安全感是所有人类最根本的需求。第二层是大脑皮质下,包括下丘脑、丘脑、杏仁核、海马体和基底神经节。这部分大约在2亿年前哺乳动物的进化阶段形成。皮质下能够帮助我们更有效地获得满足感。最上面一层是新皮质,大约在5000万年前,伴随着最早的灵长类动物进化发展而来。自250万年前早期人类开始制造工具以来,新皮质增加了两倍。新大脑皮质使人类成为地球上最具社会性的物种。我们可以通过移情、语言、合作和关怀等满足联结感需求,而这些复杂方法正是以新皮质为神经基础的。

从某种意义上来讲,我们的大脑类似一个动物园,里面住着各种动物。面对生死攸关的问题如何解决,历代祖先已经给了我们答案。远古时期,我们的祖先在深海游泳时,在中生代躲避恐龙时,以及后来在石器时代和其他物种搏斗时,如何活下去已经在我们的大脑中形成了固有回路,一直传承至今。虽然满足需求需要大脑各区域协同作用,但每个区域在进化中的确形成了各自特定的功能。打个比方,我们的大脑里住着一只蜥蜴、一只老鼠和一只猴子,它们分别代表避免伤害、寻求回报和联结他人这三个系统。

接纳自己的需求

在一个重视个人坚强独立的国家或文化中,承认自己有需求,可能会让人难为情。但事实是,我们要生存,要成功,要幸福,都得依靠外物才能实现。例如,空气、陌生人的善意,或者良好的基础设施。勇敢承认自己的基本需求,才是真正的强大。

身心健康,并不意味着否认、克服或超越需求。相反,照顾好自己的需求,关注他人的需求,才会让身心健康。因此,那些被我们推开的需求,往往是最重要的。

因此,用心留意自己的需求或需求的各个方面,包括仍未得到满足的需求,倾听内心的渴望。每天观察需求的满足情况:

- 安全感:注意让自己感到不安、恼怒或不知所措的感觉,看看那些让你焦虑的信息是不是真实的。在感受到美好时,进入放手和接纳阶段,比如寻找一个庇护所,在平静祥和的地方尽量多停留一会儿。
- 满足感。注意无聊、失望、沮丧或失落的感觉。了解这些感受以后,想一些值得感恩或让你高兴的事情,看看是否可以获得满足感。
- 联结感。当感到受伤、怨恨、嫉妒、孤独或没有信心时，想想那些曾经得到过的关怀、善意，以及自我关怀的时刻。细细体会爱与被爱的美好。

响应或应激

生活时刻在挑战着我们的需求。但必须承认的是，在我们采取切实行动应对严峻挑战时，我们的需求也得到了满足。例如，我在攀岩时多次身处险境，攀附在垂直的崖壁上，一旦滑落，就会摔得粉身碎骨。毫无疑问，在这些时刻，我的安全受到了绝对的挑战，但内心深处，我却感受到了绝对的安全感。我经常攀岩，每次都感觉很自在。因为我知道，我系着安全绳，而我的伙伴，一个很有能力的人，正牢牢攥着绳子的另一端。攀岩中，我一直保持高度警惕，面对巨大危险，谨慎迈出每一步——而这通常也是我最开心的时刻。

你可能也有类似的体验，面对挑战或困境，沉着冷静应对的同时，也乐在其中。生活本就变化无常，不可预测，包含很多美好的机会，但也有很多不可避免的失落和痛苦，需要我们努力应对。挑战无法回避，关键在于我们如何面对。需求是否得到满足，在我们应对挑战时十分重要，两种情况下，我们的反应截然不同。

绿区和红区

需求得到充分满足时，我们会感觉充实，心态平衡。身体和大脑默认进入休息状态，我称之为"响应模式"，也就是"绿区"。此时身体会进入资源节约模式,开始自我充能和修复,摆脱压力。

当需求得不到满足时,我们就会产生缺失感和不安全感,总觉得缺了点什么或做错了什么。处于休息状态的身体和大脑会被激活,进入"应激状态",即所谓的"红区"。此时身体迅速进入逃跑、战斗和冻结状态,身体免疫系统、激素、心血管系统和消化系统都会产生反应,脑海中会产生恐惧、沮丧和受伤的感觉,这些都和我们的需求(安全感、满足感和联结感)未得到满足有关,表现出来的就是紧张、痛苦和身体功能失调等症状。

响应模式和应激模式二者之间并无清晰界限,但我们都知道,面对挑战,自信冷静的态度和慌乱担忧的态度带来的结果是截然不同的。下面对两种模式做了对比总结。

满足需求

需求	满足方式	大脑区域	进化	反应	应激
安全感	回避	脑干	爬行动物	安宁	恐惧
满足感	接近	皮质下	哺乳动物	满足	沮丧
联结感	依恋	新皮质	灵长类/人类	爱	受伤

很有可能存在这样的情况:一种需求未被满足,其他两种得到了满足。例如,孩子处于青春期时,父母可能感觉在情感上和孩子"失联",但同时他们知道,孩子是安全的。当一种需求处于红区,未被满足,而其他两种需求处于绿区时,前者造成的应激反

应同样会影响绿区需求。在这个例子中，由于父母和孩子缺乏情感上的联结，父母很可能会担心孩子的安全，还会因孩子是否能够高中毕业而忧心忡忡。反过来，当然也可以利用绿区的资源解决红区需求问题。例如，父母确信自己能够保证孩子安全，也知道在他们的帮助下，孩子可以顺利高中毕业，从而让自己停留在绿区。有时候，我们能做的就是在内心深处保留一块绿区，把它作为我们的庇护所，当你不安沮丧时，在其中寻找内心的平静和强大。这个内心庇护所虽小，但作用不可忽视，随着时间的推移，你完全可以走出庇护所，缓解不安情绪，照顾好自己内心的其他需求。

响应模式和应激模式不仅是一种体验结果——告诉我们需求是否被满足，它们也代表了我们满足需求的两种不同方法。借用罗伯特·萨波尔斯基（Robert Sapolsky）的著作《为什么斑马不会得胃溃疡》（*Why Zebras Don't Get Vlcers*）中的一个例子。想象一下，你是非洲大草原斑马群中的一头斑马。你正在一边吃草，一边时刻保持警惕，谨防周围狮子的突然袭击。但此时你很冷静，不仅可以和其他斑马互动，还很享受，这就是响应模式的反应。突然间，狮子发起了攻击，整个斑马群陷入应激模式——惊慌失措，四处逃窜……一切很快就结束了，你和其他斑马再次回归宁静，继续在大草原上生活，再次回到响应模式。

简单来说，这是来自大自然母亲的安排：长期处于响应模式，各种需求被满足。然后，出现一个突发事件，为了应对突如其来的压力，进入必要的应激模式，随之压力减小，一切再次恢复到响应模式，进入绿区。响应模式会让人感觉舒服，因为它有很多好处，比如身体得到保护和补给，心灵得到放松和满足。相反，应激模式会让人感觉糟糕，因为它真的有害，尤其是从长远来看，不仅会拖垮身体，也会让人心中充满焦虑、愤怒、失望、伤害和怨恨等不良情绪。

应激模式会让人崩溃，而响应模式则让人振奋。逆境无疑是一个机会，有助于提高复原力和抗压能力，甚至让人在创伤后成长。但一个人要想在逆境中成长，还必须具备积极心理资源，如坚毅和使命感。此外，在日常生活中，我们很少遭遇逆境，大多数时候面对的都是放松、感恩、热情、展现自我价值或友善的境遇，逆境所需心理资源的培养也无从谈起。所以那些恐惧、沮丧或受伤的体验只会给我们带来不快和压力，没有任何好处。逆境是要面对和学习的，但我认为人们有时高估了它的价值。总之，长期处于应激状态会让人变得更加脆弱，而处于响应状态有助于增强我们的复原力。

经过不断演变，应激模式逐渐成了人类面对生存威胁的紧急求生方法，而不是一种生活方式。不幸的是，虽然我们现在不需要再躲避剑齿虎，但现代社会繁忙快节奏的生活让人们压力越来越大，不断把我们推向危险地带——红区。基于大脑对负面信息的敏感，即所谓的"消极偏见"，我们很难摆脱这种状态。

消极偏见

我们的祖先既需要获得"胡萝卜",即奖赏(如食物和性),也要避免"大棒"(即危险,如捕食者和其他族群的攻击)。两方面都很重要,但危险更具紧迫性,对生存影响也更大。再次回到非洲大草原,作为一头斑马,如果你这次没得到胡萝卜,还有下次机会;但如果你这次没有从大棒下逃脱——失去了机会,那么不要想了,胡萝卜当然也不会有了。

因此,大脑会自然而然习惯性地:

1. 不时查看外界和内心的负面信息。
2. 关注负面信息,忽视大局。
3. 对负面信息反应过度。
4. 迅速将不良体验转化为情感、身体和社交记忆。
5. 变得更加敏感,因为负面信息会刺激皮质醇(即压力激素)分泌,皮质醇分泌过多就会对负面信息反应更强烈。如此反复,形成恶性循环。

事实上,我们的大脑对好事和坏事反应截然不同,遇到负面经历就像强力胶,对美好体验则像不粘锅。例如,一天下来,在工作或和他人交往中,共发生了10件事,其中有9件好事,一件坏事,哪件事你会想得最多?很可能是那件不好的事情。愉悦、有意义的体验一天发生很多次——享受一杯咖啡，在家里或工作中完成某件事，晚上蜷缩在床上看一本好书，但它们通常会像水流过筛子一样，不会在大脑中留下过多痕迹。但是，每一件让你感到压力或者痛苦的事情，都会牢牢刻印在你大脑中。我们天生擅于从消极体验中学习，很多时候忽视了积极体验的作用。在数百万年的进化过程中，消极偏见对人类生存意义重大，大脑产生消极偏见是古人为了适应石器时代的生存环境，但今天，消极偏见却成为一种常见的学习障碍。

随着大脑皮质中线神经网络的进化，人类有了反思过去、规划未来的能力。这个神经网络也让消极反思成为可能。人类和动物表亲不同的是，动物也会从生死时刻吸取教训，但它们不会沉迷其中。而人类往往会不断地担心、怨恨和自我批评："我怎么犯了这么多错！""他们怎么敢这么对我？""我真是个白痴！"这样的反思和感受与其他负面体验一样，也会改变我们的大脑——一遍又一遍重复，就如同在泥地里跑步，每多重复一遍，留下的印迹就越深，从而导致我们未来更容易陷入负面情绪。

进入绿区，守住大本营

总之，我们无法选择三大需求，或是在爬行动物—哺乳动物—灵长类动物的进化过程中塑造大脑满足三大需求的方式。我们唯一能选择的就是满足需求的方法：待在绿区，感受宁静、满足和爱；或是在红区，心中充满恐惧、挫折和痛苦。

响应模式是我们平衡身心健康的大本营，是幸福的基石，也是提升复原力的基础。但我们很容易被赶出大本营，进入红区，困囿于消极偏见和想法，内心陷入一种长期无家可归的状态。

变成这样不是我们的错，我们天生如此，这是大自然母亲的馈赠。但我们也并不是对此束手无策，我们有很多事情可以做。

远离红区

在面对挑战时，有时应激反应是必须的。例如，面对迎面而来的汽车或者咄咄逼人的人，必须闪躲避开。人类很强大，可以接受进入红区，但还是要尽快离开。前面提到的三种意识干预方法为我们提供了很好的行动指南。

顺应

当自己开始感到紧张、不安、恼怒、沮丧或焦虑时，留心观察。停留在这些体验上，并用心体会。说出自己正在体验的感受：这是紧张、焦虑、恼怒、伤心……这样做，不仅会刺激前额皮质（前额后的大脑部分）的活动，提高自上而下的自控能力，还能够减少杏仁核（其作用类似于大脑中的警报器）的活动，让你平静下来。

探索内心深处可能存在的脆弱和柔软。比如在职场中，你可能因为一次开会被排除在外就勃然大怒，其根源很可能是高中时被排挤的伤心经历残留的影响。让这些不好的体验在意识中流过，不要反复回想，也不要做任何评判。从各种红区感受中抽身，仔细看着就好，就像看电影一样，把自己当作一个旁观者。

放手

学会放手。要明白，消极的想法和感受通常对你和其他人都没有好处。现在，是时候做出决定，放手不管了。慢慢呼气，放松身体，放任情绪流动。可以的话，找一个理解你的朋友陪你一起大哭、大喊或大声抱怨，或者通过意念想象一下，焦虑、愤怒或痛苦等负面情绪正从你体内溜走。遇到那些让你担心、紧张、沮丧或生气的假设、期望或信念，一定要三思，不要轻信。认真思考当时的具体情况，以及你对他人意图的理解，放下那些不真实的、不必要的、危言耸听的或卑鄙的想法。细心体会离开应激模式时的感受。

接纳

任何东西，如果你觉得可以满足你的需求，那就敞开心扉接纳。下定决心，相信自己。做一些让自己快乐的事情，比如用热水洗洗手，吃个苹果或者听听音乐。快乐会释放天然的阿片类物质，能够让大脑放轻松，释放压力，缓解痛苦。想一些让你快乐或微笑的事情。联系你喜欢的人，或者想象自己正和他或她建立联结，感受他人关心和自己内心的暖意。准确识别正确、有益或睿智的想法和观点，体会进入响应模式的感受。

丰富积极资源

一天中,我们有多次机会体验响应模式,但往往会与其擦身而过,无法沉浸其中。现在,用心留意那些你觉得自己的需求被满足的时刻。例如,吸气时觉察到了空气充足,至少在这一刻,你是足够安全的,一刻又一刻,多重复几次。当你完成一项又一项任务时,比如发邮件,给孩子梳头,或者给车加满油,你会感到满足,保持住这种感觉。当有人对你微笑,或者你想起自己喜欢的人时,多体会一下那时的联结感。关注绿区相关体验,珍视它们,用心感受,花几秒甚至更长时间,留住它们,让它们进入你的大脑,成为你记忆的一部分。

这样,你的内心就会变得充实而又安定——这恰恰是响应模式的基础,而触发应激反应的因素(如缺失感和不安感)也会逐渐减弱。内化绿区体验有助于增强内在力量的核心,反过来,内在力量又促使更多响应模式体验产生,从而为丰富内在资源提供更多机会,由此形成一个良性循环。这样的好处就是,你能应对的挑战越来越大,即使外面的世界亮起警示红灯,你的内心深处依然保有一片绿区。内心的强大不仅能带给你幸福和强大的复原力,也能让你无坚不摧。

面对挑战,要清楚是哪种需求——安全感、满足感、联结感——未得到满足。要想满足该需求,需要有意识地调用与之相关的内在力量(稍后我会详细介绍如何调用各种力量)。当你体验这些内在资源时，你的大脑神经系统也会对它们进行强化。

我曾开过船，还曾成功弄翻了一艘没有龙骨的船。如果把我们的思维比作一艘船，内在资源就是它的龙骨，开发和丰富内在资源就是在增强船的龙骨，可以让心灵之船更牢固。只有这样，我们才能变得更勇敢，在生活的深海中遨游，恣意享受生活，无惧任何狂风暴雨。

本章要点

- 你的经历塑造了你的大脑，而你的经历由你所关注的事情构成。通过正念训练，你可以把注意力放在与关怀和感恩等心理资源相关的体验上，并将它们牢牢地植入你的神经系统。
- 与意识积极互动和联系的方法主要有三种：与意识和平共处，远离带给你痛苦和坏处的人事物，亲近让你快乐、对你有益的人事物。
- 人类三大基本需求包括安全感、满足感和联结感。我们通过避免伤害满足安全需求，通过寻求奖励实现满足感，通过亲近他人建立联结感。
- 三大需求及实现方法分别与大脑中的脑干（爬行动物脑）、皮质下（古哺乳动物脑）以及新皮质（灵长类/人类脑）有一定的联系。

- 幸福源自需求的满足,而不是否认它们。当需求得到充分满足时,我们的身心会进入绿区——响应模式,进而体验到和平、满足和爱。如果需求得不到满足,我们就会陷入红区——应激模式(战斗—逃跑—冻结),产生恐惧、沮丧和受伤的感觉。
- 响应模式是我们平衡身心健康的大本营,但是由于大脑的消极偏见,我们很容易被赶出大本营并困于红区。负面经历就像强力胶,而美好体验却像不粘锅。
- 要让自己留在绿区,用心体会需求得到满足时的感受。这不仅有助于丰富心理资源,也有助于你进一步提升能力,迎接更大挑战,从而获得幸福,增强复原力。

第 3 章

终身学习

> 莫轻于小善！谓"我不招报"，须知滴水落，亦可满水瓶，智者完其善，少许少许积。
>
> ——《法句经》

要进行长途徒步旅行，我们需要准备食物和其他补给。同样，在人生道路上，我们也需要关怀和勇气等心理补给。我们如何获得这些资源，并将其放入大脑神经"背包"呢？

成长曲线

我们可以通过学习获得。这里提到的"学习"是一个广义的概念，不仅指知识性学习，如背诵乘法口诀。任何情绪、观点和行为的持久变化，都需要通过学习实现。从童年开始，我们就一直在学习良好的习惯、性格优势和与他人互动的技巧。治愈、恢复和发展也是学习的形式。我们大约有 1/3 的属性与生俱来，由 DNA 决定，而另外 2/3 则是通过学习获得的。这是个好消息，因为这意味着很大程度上，我们可以决定自己想成为什么样的人，能够成为什么样的人。比如你想变得更冷静、更聪明、更快乐、更有韧性，都可以通过学习实现。我小时候酷爱读漫画书，在我看来，这些内在力量就像书中的超能力一样。学习是最厉害的一种超能力，它可以增强其他超能力。如果你希望自己快速成长，增强学习力很重要。

学习是什么？

任何一种学习都会给神经系统功能带来改变。改变分为两个阶段，即激活阶段和植入阶段。在第一阶段，我们需要拥有一种体验，如被关爱的感受。所有的体验，如各种想法、感受、白日梦或其他任何可觉察的东西，都基于潜在的神经过程。一种特殊的体验就是一种特殊的精神或神经活动状态。在第二阶段，这种体验逐渐在大脑中生根发芽，随着时间推移，过去短暂的体验变成了永久的特质。（在这里，特质是一个广义概念。）

加拿大心理学家唐纳德·赫布（Donald Hebb）认为，一起激活的神经元会形成联合。激活的越多，构成的网络就越大。从本质上来讲，通过不断重复某种体验开发心理资源，最终这些体验会转化为大脑的永久改变。也就是说，不断体验到感恩、自信或决心，你会变得更加感恩、自信或坚定。同样地，反复多次满足自己安全、满足和联结的需求，你关注绿区的时间也会越来越久，也就更能感受平静、满足和爱。

自力更生的本质

治疗、训练和个人成长需要自立。提升人际交往能力和主动性，获得内心平静或任何你想要的事物，同样离不开自立。世事无常，外在的一切，即使最满意的生活、工作和人际关系，都可能出现变故，但只有独属于我们内心的一切，会一直与我们同在。就像你不会忘记如何骑自行车一样，那些随着时间推移逐渐培养起来的内在力量也会深植在你的脑海里。一个人生活越艰难，获得的外部支持越少，就越需要在每天的日常生活中，寻找机会（哪怕很小）体验有益愉快的感受，并有意识地融入己身。

遗憾的是，很少有人明确地告诉大家，如何有意识地内化有益体验。在学校、工作和各种培训中，人们学习各种各样的知识，但很少有人指导他们学习。当你学会了学习，你就获得了一种力量，清楚明白如何培养其他内心力量，增强复原力，获得幸福。

自我疗愈

大脑结构搭建可以分成四个步骤完成，分别为拥有（Have it）、丰富（Enrich it）、吸收（Absorb it）以及连接（Link it），简称为 HEAL 疗法：

激活阶段

拥有：通过觉察或创造的方式，找到一种有益体验。

植入阶段

丰富：保持这种体验，用心体会。

吸收：把这种体验内化。

连接（可选项）：利用该体验抚慰痛苦等不良感受，或者直接取而代之。

HEAL 疗法的第一步是学习的激活阶段，从拥有某种有益或愉快的体验开始。其余三步是学习的植入阶段。在这个阶段，把美好体验转化成大脑的持久变化。第四步连接，涉及积极和消极两方面心理资源。这一步选做，理由有二：一是对于学习而言，前三个步骤足够了；二是并非所有人都能随时做好准备，以应对消极体验。

在本章接下来的内容中，我们将详细探讨 HEAL 疗法的各个步骤，包括如何获得更多有益体验，以及如何赋予它们更多持久价值。我将告诉你如何识别和培养你最需要的内在力量。最后，你将看到如何利用第四步连接缓解并结束顽固的、令人沮丧的偏激想法、感受或不良行为，这一步甚至可以帮助疗愈你的童年创伤。

鼓励有益体验

问问自己，一天中哪件事你感受最强烈？坏掉的车子、摔碎的盘子、工作中失败的项目，还是吃早餐时的愉悦、完成一项艰巨任务的决心，抑或日落美景？回想一下自己的人际交往，与他人互动时，引起你最大关注的是什么：是贴心合意的相处，还是一句伤人的话语？

大多数人最关注的都是负面信息，你大概也是如此。因为大脑的消极偏见，我们对痛苦和有害的负面信息更敏感、更在意，却忽视了令人愉悦和有益的积极信息。在艰难环境里，短期来看，这可能有一定好处，但从长远来看，随着时间推移，这必然会对我们的身心造成极大伤害。事实上，大脑更偏向于在困境中短期求生，而不是寻求长期的健康和幸福。关注积极体验，为自己打造一个公平竞争的环境，这不是要你戴着玫瑰色的眼镜，只看事物光明的一面。这是一种不折不扣的务实主义。生活不易，总有各种困难需要面对，我们需要丰富心理资源应对各种挑战。了解大脑的学习过程，有助于我们获取和充实内在心理资源。

这个过程始于美好体验，即你想在内心培养的内在力量。拥有美好体验有两种方法：首先，你只需觉察并关注当下已拥有的美好体验；其次，你可以刻意创造一种美好体验，如激发自我关怀感受，或者坐下来冥想。接下来，我们将逐一探讨。

发现身边的宝藏

几乎每个人每天都有许多积极体验，只不过大多数感受都很微弱而短暂。比如口渴喝水解渴，天冷穿衣保暖，都会带给我们不错的体验。你一天中会遇到无数人，要相信总有一个人能让你友好相待。你是否觉察了这些体验，并用心体会；还是完全忽略掉了，匆忙去做其他事情了？

生活中的每一天都充满了平凡而又有益的小事，就像一条铺满细碎宝石的小路。匆忙赶路中，我们很容易忽视这些美好。但一天结束时，我们会不禁自问："为什么我感受不到内心的充实？""我怎么觉得自己一天什么也没干？"

宝藏就在我们身边，为什么不挑选一些呢？能够给你带来美好感受的体验，通常对他人也是有益的。不要无视愉快美好的体验，不要觉得只有苦难才能成就美好生活，事实恰恰相反：美好体验让我们振奋，而消极体验只会让我们身心俱疲。当然，有些愉悦体验时间长了也可能会带来坏处，比如吃过多甜食。而且，某些心理资源的充实也需要消极体验的加持。例如，适当的内疚和悔恨有助于增强一个人的道德感。但总的来说，带给你美好体验的事物，都是值得珍藏的宝物。

人生体验包括五个要素，每一种体验都如同一件珍宝，你可以将其镶嵌到身心里，它们就是，思想（如信念、形象）、知觉（如感觉、听觉）、情绪（心情、心境）、渴望（如价值观、意图）和行动（姿态、面部表情、运动或行动）。例如，在感恩体验中，你可能会想到朋友送你的东西，产生放松的感觉、快乐的情绪、表达感激的渴望，以及写一封感谢信的行为。

当你拥有一段积极体验时，也可能会出现其他负面感受。当你享受撸猫的快乐时，可能会感到后背疼。这种疼痛不会因为积极体验而消失。消极和积极的体验、痛苦或愉悦的感受，都是真实存在的。认真体会愉悦的感受，痛苦的感觉就随它去吧。

这并不能被称为积极思维，但很实际，这是因为周围环境如同打了马赛克，让人看不清。在我们观察周围环境、感受自身体验的复杂性时，大脑又给我们增加了障碍，它偏爱消极体验，因此，我们很容易忽视宝藏一般的积极信息。

打造自己的宝藏体验

关注过往给你带来的快乐且有益的想法、感受、情感、欲望或行为，是获得有益体验的主要途径。这些体验就在那里，真实存在，为什么不从中挖掘些好处呢？

当然，你也可以创造一些有益的体验，比如锻炼身体或思念爱你的人。下面介绍几种创造积极体验的方法。

首先，挖掘生活中的美好事件。这样的事件不仅能带给你幸福安康，对他人也有益。它们存在于周围环境里，如你目前的处境、最近发生的事情、持续的状态、过往的经历和他人的生活。你也可以在自己的内心寻找美好的时间，比如思考自己的天赋、技能和善意。甚至在遭遇人生重大挫折时，也可以想想失去亲人时他人给予的善意。

其次，通过行动创造美好事实。可以做一些简单的动作，比如在椅子上移动一下，让自己感觉更舒服。你也可以在和他人交往时，给予善意，比如认真倾听他人讲话。

事实就是事实，相信它没错。美好体验不是你捏造的。一旦你发现了一个美好事实，就要立刻把对它的认识转变成具体的体验，让自己相信事实就是如此！发现美好事实时，也要觉察到自己的感受，意识到美好事实，放松身体，敞开心扉，用心体会它带给你的感受。调整你的感受，让自己在情感上的体验变得更丰富。想要进一步的体验，可以尝试下方的练习。

最后，你可以直接唤起一种积极的体验，比如随意放松、下定决心，或者放下怨恨。由于经验依赖的神经可塑性，在过去拥有、反复感受并内化的某种特定体验，会更容易被唤起。如果把你的大脑比作自动点唱机，体验就如同灌录好的歌曲，一旦打开开关，大脑中就自动播放。

无论你是注意到一种美好体验还是创造一种美好体验，每天都充满了各种机会，可以带来有益的思想和情感、情绪和欲望。承认它们的真实存在本身就是一种美好体验。

创造积极体验

这个是一个创造快乐体验的练习，但你也可以利用这个方法创造任何你想要的体验。

想一个让你高兴的事物——必须是真的。它可大可小，不拘时间，现在或过去的都可以。它可以是一件事、一个物品、一种持续的状态，或者一段关系。它也可能以一种精神存在，或是整个宇宙。

留意自己的身体，敞开心扉，感受快乐、感恩、舒适、幸福。这些时刻有可能帮助你缓解紧张，释放压力，摆脱失望情绪。

分别探索体验的五大元素：关注诸如"我很幸运"之类的想法；关注知觉，尤其是身体的感觉；感受积极情绪，如兴高采烈与祥和快乐；关注欲望，也许是为了感谢；关注行动，比如一个温柔的微笑。

想想其他让你快乐的事，利用上面的方法，在觉察后，把它们转变成丰富的体验感受。

赋予体验持久价值

每次大脑中出现美好体验时，用心感受，把它刻印在脑海里，如果不这样做，它将失去长期价值。

有时在短暂的想法和感受中，我们会有所收获。但是，我们每天都有无数大大小小的体验，其中积极感受也不少，但并没有给我们带来什么好的改变。无论是观念、想法还是内在资源，都没有什么改变。

在心理治疗辅导以及人力资源培训中，也出现了同样的情况。作为一名从业多年的心理治疗师，当我知道大多数来找我治疗的客户，好不容易感受到了各种积极体验后，却没有任何好转，真的让我既惭愧又不安。错在我，而不是他们。一般来说，心理学家擅于激活各种心理状态，却普遍不善于将积极体验植入大脑中。因此，最重要的不是为我们的客户、患者或学生提供更好的方法，使他们获得积极体验，而是更好地将他们已拥有的体验转化为神经系统中的持久变化。

无论你是为了自己还是帮助他人，体验植入的核心很简单：丰富该体验并充分吸收。在你的大脑中，丰富该体验，保持住，充分感受的同时内化吸收，将它融入你的体内。在大脑中，"丰富"是指增强某种特定的精神或神经活动，而"吸收"则意味着唤醒大脑，敏锐感知体验，加深对体验的记忆。

这听起来有些抽象，但其实是一个自然直观的过程，我们都知道怎么做。每个人都曾有过放松身心接纳自己的体验。实际操作中，这个过程非常快，丰富和吸收几乎同时发生。但在学习新事物时，建议细分整个过程，然后按步骤逐一完成。以后，在你体验美好感受时，各个步骤会自然形成一个完整连贯过程。

丰富体验

有五种方法可以丰富体验。

1. 延长体验：停留在该体验5～10秒，或更长时间。神经元一起放电时间越长，就越容易联合起来。不要分心，专注于该体验，发现走神了，立刻拉回注意力。

2. 强化体验：敞开心扉，让该体验成为你心中的主角。

深呼吸，或让自己兴奋起来，放大体验感受。

3. 扩展体验：感受该体验的其他要素。例如，如果你有了一个积极想法，探索相关的感情和情绪。

4. 创新体验：大脑如同一个探测器，喜欢猎奇，热衷从新颖和出乎意料的事物中学习。在体验中，努力寻找有趣或与众不同的部分，想象自己是第一次拥有这种体验。

5. 评估体验：体验学习是一种个性化学习，因此，要清楚这段体验很重要，为什么重要，以及会给你带来哪些好处。

上述五种方法，每一种都有加强体验的作用，方法运用得越多，效果就越好。当然，这并不是说，你每次都要用五种方法。通常，你只需要延长体验，使其多停留一会儿，在内心强化一下，就可以转入下一段体验。

吸收体验

增强体验吸收，可以参考以下三种方法：

1. 主动接受体验：有意识地选择吸收体验。

2. 感受内心体验：把体验想象成一剂温暖的舒缓膏，或是置于你心灵宝箱中的一颗宝石，细细体会它带给你的感觉，让它成为你的一部分。

3. 奖励自己：在该体验中，寻找让你快乐、安心，或带给你希望的东西。这样做，会增加两种神经递质（多巴胺和去甲肾上腺素）的活动，进而增强这种体验，让其成为我们的"守护者"，长期存续下去。

HEAL疗法的前三步，即拥有有益体验、丰富体验和吸收体验，是学习的核心。有益体验如同火种，我们找到它或点燃它，保护它并添加燃料，而它把温暖带给我们。一天中，这些方法可以多次使用，10秒或30秒就可以完成一次体验吸收。当然，也可以每天拿出特定时间，几分钟或更长时间，集中注意力，全心感受某种特定体验。具体练习，可以参考下方表格。

在这里，我们并不是说要抓住某种体验不放。意识具有流动性，时刻在发生变化，因此，试图抓住某段意识注定失败，让人痛苦。但你可以激发有益体验，什么都可以，然后尽量多维持一会儿，沉浸其中，不要在意它很快就要离开，用心体会就好。幸福就像一只美丽的野兽，在森林的边缘注视着你。如果你想要抓住它，它就会逃走。但如果你坐在篝火旁，不时添些柴火，幸福就会来到你身边，并留下来。

丰富和吸收关怀体验

观想一个你关心的人或物，如朋友、孩子、伴侣或者宠物，唤起自己温暖、喜欢、感恩、同情或爱的感受。

一旦感受到了关爱的体验，就丰富这种体验。关注该体验，不要分心，如果走神，立刻拉回来。保持呼吸。敞开心扉，接纳该体验，强化你的感受。探索体验其他要素，扩展关怀体验，如思想、感觉、情绪、欲望、行动（比如把手放在胸口）。时刻保持好奇心，探索这段体验的新鲜和生动之处。思考关怀体验为什么对你很重要，又有什么意义。

然后专注吸收关怀体验。有意识地接受该体验，沉浸其中，全身心感受这种温暖的感觉在你身体里扩散，与你融为一体。关爱他人的感觉不仅让我们精神愉悦，心境开阔，也让我们受益匪浅。用心体会关爱的感受，让它浸润你的身心。

提升你最需要的内在力量

我的父母很有爱心，每天努力工作，对家庭也尽心尽力。但出于种种原因，可能主要是因为我的沉默寡言，我并没有从他们那里感受到太多的温情。孩子都需要父母给予他们一碗充满温情的"浓汤"，但我得到的只有一碗稀薄的"清汤"。因为生日比较晚又跳过级，我比同班同学都小。再加上我有些书呆子气，因此在学校经常被排挤和无视。我的安全感和满足感需求得到了满足，但我的联结感需求没有被满足。日积月累，很多小事积累起来，当我离开家去上大学的时候，我感觉自己的心好像破了一个大洞——空洞而痛苦。

对此，我不知道该怎么办。我小心翼翼，努力让自己保持镇定，这的确给了我一些安全感，但并不能填补我心里的空洞。在大学里我过得很开心，成绩也很好——这让我的满足感需求得到实现，但我内心依然很空虚。我就像是得了维生素C缺乏病（未得到满足的联结感需求），需要维生素C才能痊愈，但我却一直服用维生素A和维生素B。它们对我的身体也有益，却不是我所缺少的关键营养。

大一过半，一切都发生了变化。我开始注意、感受和接受社交支持，比如很多人和我打招呼，并叫上我一起吃饭；上课途中和同学友好互动等。这正是我所需要的，能够给予我养分的维生素C。日复一日，无数微小美好体验，一点一滴填满了我内心的空洞。

那么，你的维生素C是什么？

发现你的核心资源

三大基本需求为我们提供了一个框架，帮助我们识别最重要的内在资源。一旦我们确定了自己的核心资源，就可以每天寻找机会体验它、增强它。

明确挑战

正如医生可能都会问你，哪里不舒服？

你可能正在面临一些外部挑战，如人际冲突、工作压力或健康问题。或者，你可能正面临着内心的挑战，比如严厉的自我批评或感觉自己不受欢迎。有时，你可能会遇到"组合拳"，同时面临内外挑战。例如，和某人关系紧张可能会导致你自我批评。

选择一个你当前面临的挑战，然后考虑一下三大需求（安全感、满足感和联结感）的满足情况。你可能有一种，也可能有多种需求没有得到满足，但通常有一种需求急需满足。疼痛、威胁或僵硬，通常伴随着焦虑、愤怒或无力感，表明安全感受到威胁。目标受阻、失败、财产损失，或者生活无趣，通常伴随失望、沮丧或无聊情绪，表明满足感需要被照顾。与他人发生冲突，被排挤或贬低，或死亡，通常伴随着孤独、受伤、怨恨、嫉妒、羞愧和空虚的感觉，标志着建立联结感的需求。如果你总是忽视某种特定需求，比如联结感，每当有人欺负你时，你就会责怪自己，那么你就需要格外注意满足这个需求。

确定有用资源

满足某种特定需求，需要与之匹配的内在力量。如果你的车没油了，想要前行，你需要的是汽油，而不是备用轮胎。接下来，我们将分别探讨满足三大需求都需要哪些重要的心理资源。

- 安全感：站在自己一边、果断、勇敢、拥有自主感、感觉被保护、面对威胁头脑清醒、当下感觉很好、冷静、放松、平和
- 满足感：感恩、喜悦、快乐、成就、目标清晰、热情、

激情、动力、渴望、知足、满意
- 联结感：关怀他人和自己、同理心、善良、自尊、自信、宽恕、慷慨、爱

如果感觉冷，任何一件外套都会让你暖和起来。同样地，当需要满足某种需求时，与之相关的任何一种资源都能起作用。面对挑战，最好结合多种内在资源，而且资源和挑战匹配度越高，越利于解决。例如，我上学时，年龄比其他人小，因此运动队选拔时，经常被看作是最后的选择。那种窘迫和弱小的感觉一直跟随着我，直到我后来喜欢上高山攀岩，彰显了自己强大的能力和韧性，才逐渐被治愈。

在考虑一个重大挑战及其所需核心资源时，回顾一下上面列举的资源，看看哪种最突出。然后问问自己：

- 如果最近这个资源频繁出现在我的脑海里，它真的有用吗？
- 面对挑战时，哪种内在力量有助于我保持响应模式？
- 如果挑战发生在过去，那么在那个时候，哪些体验会有帮助？
- 在内心深处，我依然很渴望的体验是什么？

这些问题的答案揭示了你最需要的内在资源，也就是你的

维生素 C。需要注意的是，爱是"复合维生素"，是万能的药物。爱可以给我们安全感，比如给受惊孩子一个拥抱或陪朋友走出漆黑的停车场。爱是一种深深的满足。爱能够吸引我们，建立联结感。即使很难确定挑战所需的关键资源，也不用担心，尝试感受爱，不管哪种方式，都会有帮助。

内化核心资源

一旦确定了某种核心资源，就可以利用 HEAL 疗法，把它植入你的神经系统。

可能在你的内心深处，你已经感受到了这种资源，接下来你要做的就是关注它，全身心投入，强化这种感受。例如，你对自己在工作中的表现感到不安，但你很清楚，来自同事的尊重对你有帮助。有可能他们实际上曾说过或做过一些小事以表达对你的认可和感激，但这种感觉在你的意识中稍纵即逝。如果真的有这种情况，你可以试着多关注这种感受，细细体会一下。

为了获得某种重要的内在资源，你也可以自己创造体验。例如，你想感受同事的更多尊重，可以有意识地寻找一些事实来证明这一点，比如同事友善、赞同的语气或者咨询你的意见。当然，你可以采取行动，比如在会议上大胆发言，表现更出众。当你找到这类事实，自然而然就会体验到你想要的内在力量，这时，放松身心，集中注意力，用心体会它，接纳它，把它转化成有益体验。

一旦你对某种内在资源有了一定体验，就可以进入学习的植入阶段了。再强调一遍，保持这种体验，丰富它，全身心感受；敞开心扉，探索该体验新奇有趣的地方，弄清楚它对你的价值和重要性。有意识地吸收它，让它成为你的一部分，感受它正融入你的身心，找到它带给你的愉悦感。

关注体验，而非条件

任何感受和培养关键心理资源的机会都非常宝贵。不仅要清楚自己在寻找什么体验，找到后，也要及时吸收内化。

在考虑自己的资源时，想到外部资源，如人、事和周围环境等，这很正常。但想象一下，在你感受内心力量时，这些外部条件可以提供哪些帮助。关注外部条件，包括它们对他人的影响，这很重要，但就我们的体验目标而言，从很大程度上讲，外部条件只是获得宝贵体验的手段。例如，假设一个人想要有一个浪漫的伴侣，他为什么提出这样的"条件"？因为这样，至少从某种程度上讲，他可以体验到爱、自我价值、快乐和其他美好的事物。当然，我们应该努力改善自己和他人的生活条件。但即使可以，这种改善也是很缓慢的。相反，如果我们关注目的，而不是手段，改善体验而不是条件，就会有很多可能性。例如，即使找不到一个浪漫的伴侣，人们依然可以找到其他方法体验爱、自我价值和快乐。

我并不是在试图贬低浪漫伴侣或其他外部条件的价值。但如果那个条件无法实现，我们依然有很多方法感受浪漫带来的感觉。就大脑资源内化而言，内在体验和外部激发条件是相互独立的。就如同用 iPod 播放歌曲一样，把歌曲导入 iPod 后，不管歌曲的来源是什么，打开开关，随时可以播放。这同时也意味着，你可以把童年缺失的重要体验内化，即使童年时的那些外部条件早已成为过去。

外部条件是方法手段，内在体验是目的，二者之间有着明显区别。认清这一点很重要，很多压力和不幸都是由于忽视了二者之间的区别导致的。例如，一个人可能会执着于获得一辆新车或升职等特定条件，忽视了这些条件实现后带来的内在需求的满足，因而错过了利用其他方法满足这些需求的机会。是新车本身重要，还是它带来的舒适和安全感更有价值？问题的核心是升职加薪，还是它所带来的成就感和满足感？换句话说，人们的不开心不是因为没有新车，或没有升职加薪，他们不快乐是因为他们觉得不舒服、不安全，没有成就感和满足感。

体验最重要，体验是我们的终极目标，了解了这一点，在体验出现时，你就有机会发现它，当然，你也可以主动创造体验。你可能无法拥有所有重要体验，比如小时候父母全心全意的爱或成年后浪漫伴侣的爱。但关于爱的体验，还有很多其他途径可以获得，并将其内化，比如来自朋友的喜欢或同事的欣赏。你可能无法治愈每一个伤口，也无法填满心中的每一个空洞，但有总比没有好。你体验并内化的美好感受，总有一天会帮助你得到你想要的一切。

要鲜花，不要杂草

在大学期间，我开始有了各种美好体验，但偶尔也会有不好的体验，比如感受到他人的欣赏时，依然会怀疑自己是不是很没用。但每到这时，我都能感觉到，美好体验逐渐消除了不好的感觉，一点一滴填补了心里的空虚，抚慰了过往的伤口。

这是 HEAL 疗法最后一步连接的核心。这听起来有些奇怪，但例子随处可见。你可能正担心某件事，但和朋友聊天可能会让你安心。在工作中遇到挫折时，想想曾经取得成功的时刻；某个熟人发脾气让你很伤心，但如果这时祖父慈爱的身影浮现在你的脑海，你会觉得很安慰。前面我们介绍过三种意识干预方法中第一种，顺应自然。出现不良情绪时，顺其自然，与之共存，我们的内在资源自然会与不良情绪建立连接。

神经心理的知识

连接是一种非常强大的方法。大脑通过联想来学习，当两件事同时存在于意识中时，它们会相互影响。关键是要确保有益的东西比痛苦或有害的东西更明显。这样，积极的情绪就会净化消极的情绪，而不是让消极的情绪污染积极的情绪。

因为大脑的消极偏见，生活中的压力事件优先储存在大脑里，多数都是无意识的，形成了所谓的内隐记忆：过去生活经历的残留记忆影响了你当前的想法、与他人的交往方式以及你对自己的感觉，这时你可以利用连接法削弱过去的不良体验，或者用美好体验取而代之。当记忆中的消极体验被激活，就会变得十分不稳定，并向同样存在于意识中的积极体验开放。大脑中的消极体验要想再次固化，需要通过神经系统的整合，这时就可以发挥积极体验的作用，削弱它或取而代之。在意识花园中，通过HEAL疗法，前三步结束后，我们种好了鲜花，最后一步，我们需要用鲜花代替杂草。

连接使用技巧

要实现连接，在意识中必须做好两件事：一是让积极体验更突出，二是不被消极体验劫持。要想完成这两件事，正念练习很有必要。如果你感受到了消极体验，不要管它，只全心感受美好体验。稍后，你可以同时感受一下两种体验，一般情况下，两种体验连接都很短暂，不超过半分钟，当然，如果你愿意，也可以花更长时间体验。

弱化或取代消极体验，最好选择与之自然匹配的积极体验，就如同我们在前面介绍的，为特定挑战匹配相应的核心内在资源。例如，冷静的体验是缓解焦虑和紧张的良药，现在被接纳有助于治愈过去被排挤的痛苦。如果消极体验是你觉得自己很幼稚，那就把自己当作小孩子，无须言语沟通，温柔地抚摸自己，感受自己的可爱。

体验连接有两种方法。第一种方法是，先找到一种积极体验,如关怀、爱等内在资源。有了积极体验后,在意识中带入与该体验对应的消极体验。另一种方法是,从不舒服、紧张或有害的事情开始,比如在演讲之前感到非常焦虑。然后,与焦虑共存,不要管它,接纳它,你想让这种体验存在多久都可以,看你喜欢,然后释放它们,寻找积极体验取而代之。比如你一旦知道人们实际上对你演讲的内容很感兴趣,随之产生的冷静就会取代焦虑。到目前为止,您只实践了HEAL疗法的前三步。如果你愿意,现在可以进入第四步,让积极体验与消极体验的残留记忆正面交锋,以便彻底根除。

谨慎对待消极体验。如果发现它已经很强大,可以利用HEAL疗法的前三步丰富心理资源去解决。如果你觉得自己准备好了,也可以利用下面三个方法进一步解决,让它和积极体验建立连接。

理解消极体验

接触消极体验最温和也最安全的方法,就是知道它的存在。例如,儿时听到父母去世的信息。让消极体验待在"那里",在意识边缘徘徊,不要多想。把关注的重心放在那些丰富多彩、令人愉快的体验上,在心灵的舞台上,让积极体验成为聚光灯的焦点。

浅尝消极体验

接下来,如果浅尝消极体验,比如为失去亲人而失落和伤心，让你感觉舒服，那就去做。但一定要记住，千万不要放大这种体验，让它变得活跃，超过积极体验。如果消极体验想要带着你沉沦，放弃感受，回归积极体验。

进入消极体验

最后，可以想象积极体验正接触并刺穿消极体验。在三种方法中，这种方法最激烈、最有效，但也最危险。因此一定要十分小心，一旦发现消极体验过于强大，立刻抽回注意力。如果成功，积极体验就会进入你的内心，填补你内心的空洞，如一剂良药，治愈你的伤痛。你的想法也会变得积极而豁达，不再沉溺于痛苦。在你内心，成年的那部分你，也拥有了更多能力去拥抱、抚慰和爱护童年那个受伤的你。自我关怀可以消除痛苦。

运用连接法时，充分利用你的聪明才智和创造力。站在自己一边，把关注焦点放在积极体验上，发挥你的想象力，相信自己的直觉。例如，一次我在实践连接法时，脑海中浮现出这样一个画面——伴随巨大浪潮，爱的波涛一次又一次拍打我心灵的海岸。

连接过程

这是一个体验扩展过程，有助于你处理痛苦或有害的想法、感觉、情绪或欲望，即我所说的消极体验。在这个过程中，了解在积极体验中（如有益的经历、内在力量、维生素 C 等），你想选哪些和消极体验建立连接。记住，如果消极情绪变得太大或难以承受，立刻放下，不要为难自己。建立连接，要根据自己的需求进行调整。连接过程至少需要几分钟时间，当然，如果你愿意，可以延长时间。

1. 拥有。找到自我肯定的感觉，创造一种积极体验。可以回忆自己的真实体验，一个让你感觉特别安全、满足或与他人友好相处的时刻；也可以想象自己正处于这样一个环境或一段关系中，可以自然激发你的这种积极体验；或直接进入这种体验，体会身体里存储的感官记忆；当然，也可以利用其他方法，只要对你有效，让你对该积极体验有清晰的感受，任何方法都可以。

2. 丰富。保持住这种体验，发现走神立刻拉回注意力。加强这种体验，让它充满你的意识。全身心感受它，敞开心扉，探索它带来的各种情绪感受。弄清楚它对你的意义、重要性和价值。

3. 吸收。用心体会该体验渗入你的身体，浸润你的心灵，成为你的一部分。敞开心扉接受它，感受这股暖流在身心中流淌。弄清楚它可以带给你哪些好处和快乐。

4. 连接。如果你准备好了，就可以看看一直被我们搁置一旁的消极体验，以及一直处于我们关注中心的丰富的积极体验。如果你的注意力能够在消极体验和积极体验之间快速地来回转换，当然没有问题，前提条件是你可以同时关注二者。同时体会积极体验和消极体验几息时间，也可以更长。只要没有被消极体验裹挟，感觉难受，你就可以多体会一下，但依然要注意不要全身心投入，浅尝即可，不要让它成为焦点，压过积极体验。探索消极体验几息后（也可以更长时间），回归积极体验。虽然内心深处依然有消极情绪，但强大的积极体验可以为我们提供庇护，让我们得到休息。

最后，如果一切进行顺利，想象积极体验正一点一滴穿透消极体验，如同海浪一般冲刷内心的痛苦，填补内心的空洞……用温暖善意抚慰你的伤心和痛苦，消除疑虑……用理解的光芒扫除你内心的阴影……用成年后获得的关怀、爱和拥抱，小声温柔抚慰幼年那个受伤的自己。积极体验悄无声息地和消极体验碰撞、融合，最后彻底消除消极体验。不要对消极体验做理性分析，也不要详细解读，只需体验一下就好。如果一不小心放大了消极体验，立刻抽身，只关注积极体验。重新建立积极心态后，如果你想，可以再次回到消极体验。

完成整个过程后，全身心感受积极体验，不要再想不好的事情，尽情享受，这是你应得的。

本章要点

- 我们通过学习获得心理资源。这主要包括两个阶段：激活阶段和植入阶段。首先，必须拥有一种心理资源或与该资源相关的要素；其次，这种资源能够形成神经结构和功能的持久变化。
- 没有植入阶段，学习、治愈和发展都无从谈起。植入阶段做得好，有助于你快速成长。另外，此处学到的技能，可以帮助你充实任何你想培养的心理资源。

- 这并非积极思维，但很实际，现实世界错综复杂，如同打了一层马赛克，表面之下，有问题和痛苦，也有很多令人安心、愉悦和有益的方面。
- HEAL 疗法对我们增强内在力量作用巨大，共分四步：拥有一段积极（愉悦、有益）的体验，丰富体验，吸收体验，最后与消极体验连接（可选项）。
- 你可以利用 HEAL 疗法充实当前你最需要的心理资源。根据三大需求，即安全感、满足感以及联结感，确定与面临的挑战相匹配的内在力量。
- HEAL 疗法的最后一步作用强大。利用连接法，可以用积极体验抚慰、减弱甚至去除消极感受。
- 学习同样需要学习。学习本身是一种内在力量，可以促进其他内在资源提升。

第二部分

培养内在资源

第 4 章

保持坚毅

坚韧来自灵魂和精神，而非肌肉。

——亚历克斯·卡拉斯

坚毅意味着顽强、坚韧和智慧。不管遭遇多大苦难，只要有坚毅的品质，就不怕；但如果一个人意志力被摧毁，那可能就真的万劫不复了。

一年冬天，我和朋友鲍勃一起去野营，其间发生的恐怖经历实实在在给我上了一课。一整天，我们都在红杉国家公园附近的偏远地带跋涉，穿过厚厚的积雪，穿着雪鞋向山上前进。因为以前有过多次穿越荒野和极端环境的经历，我们都培养出了坚忍不拔的毅力，因此我非常相信我们会没事的。鲍勃天生精力充沛，自告奋勇走在前面，为我开路。天很快黑了下来，我们需要扎营休息。我们都累坏了，鲍勃突然开始不由自主地发抖。他体能消耗太多，却没能及时补充能量，体温过度流失，即陷入低温症——最终很可能导致他被冻死。事实上，此时他已经耗尽了自己的意志力，他的安全感需求遭到了严重挑战。夜晚，山里气温骤降，我自己也精疲力竭。我们匆忙搭好帐篷，钻进睡袋，点燃炉子，喝了些热水，吃了点热的食物。很快，鲍勃的牙齿不再打战，我们总算安定下来。漫长寒夜过后，第二天早晨，我们离开营地，慢慢回到文明世界。这次我们要小心得多，没有急着赶路，过度消耗体能。

这个教训刻骨铭心，它告诉我们，面对挑战，尤其是那些隐藏在角落里随时等着给你惊吓的挑战，保持坚毅至关重要。如果我和鲍勃没有丰富的野外生存经验，没有接受过足够的培训，后果可想而知。这次事件也提醒我们，坚持锻炼毅力的重要性，谨防紧要关头，毅力变薄弱。

锻炼毅力需要做好如下几件事。首先，探索能动性，即事情发生后，积极主动地做出选择或应答，而不是束手无策，无能为力。其次，从不同方面探索决心，包括耐心和坚韧。最后，增强活力，包括接受和欣赏自己的身体。如欲了解更多毅力相关内容，强烈推荐安杰拉·达克沃思的著作，即《坚毅：释放激情与坚持的力量》（*Grit: The Power of Passion and Perseverance*）以及她的其他研究。

能动性

能动性是事情发生的动因，而非结果。故意挑选一件蓝色毛衣，而放弃红色；或者倾听他人意见后，心里想着："不，我不同意。"这些都是能动性的表现。拥有了能动性，遇事你会主动采取行动，而不是被动接受，你会积极主动规划自己的生活，而不是被动地随波逐流。能动性是坚毅的核心，因为没有它，一个人就无法调动其他内部资源来应对挑战。如果你被生活击倒，只要有能动性，你就能够第一时间振作起来。

拒绝习得性无助

能动性的反面是无助。马丁·塞利格曼和其他人的研究表明，我们很容易因为无能为力、事情受阻停滞不前或失败的经历而获得习得性无助。想想一个无法摆脱欺凌的孩子或一个长期被抨击的成年人；或者在一家职责不清的小公司里，一个长期干三份活，却得不到应有报酬的员工。即使是微小的无力感，长时间积累，也会让人疲惫不堪，比如一遍又一遍试图获得伴侣的关注和爱，却得不到回应，最终必然无力继续，只能放弃。悲观、徒劳和绝望感的增长会拖垮我们的情绪，摧毁我们的应对能力和雄心壮志，是导致抑郁症的主要风险因素。

一次无助体验，通常需要无数次能动体验才能够消除。这是大脑消极偏见的又一例证。要想从一开始就杜绝无助感或者逐渐忘却它，需要寻找一个你主动选择的体验或者你可以影响结果的体验。然后集中注意力，关注动因，把自己带入能动者角色：做一个锤子而不是一根钉子。或者寻找一些促使事情发生或推动事情向前发展的强烈体验，可以是在健身房多次举重练习后的最后一举，也可以是某个瑜伽动作中最后10秒的坚持。在与他人互动中，烦与不烦，离开还是不离开，由你决定。开会时，如果你的想法被忽视或被误解，可以举手再次阐述你的观点。

生活中，有时我们需要退后一步，认真审视某些事情——比如一段关系、生活状况，或者养育孩子的方式——然后诚恳深刻反思，明白我们需要做出哪些重大的改变。对我们来讲，改变很难，也可能很痛苦，但我们依然选择改变，这就是能动性。

能动性受限

如果你的选择有限，那就寻找你能做的小事，并专注感受做事时的能动感。例如，你健康出了问题，你会主动上网了解更多相关信息吗？在与家人吵架时，你清楚哪些话能说，哪些话不能说，但你做到了吗？一个人承担的压力越大，就越需要找到方法，体验能动性，不管哪种体验带来的能动性都意义重大。

如果我们无法以言语或行动在"外面"练习能动性，那么可以在"内里"，在我们的内心深处做出选择，锻炼能动性。除非某件事让我们身心遭受巨创，不然，我们一般都有能力转移注意力，聚焦令人更愉快和更有意义的事情。例如，当我坐在牙医诊所的椅子上时，我会刻意回忆在约塞米蒂国家公园里穿越高山草地的美好时刻。我们也有能力决定我们看待事情或一段关系的态度，比如客观公正的态度。我们在"外面"拥有的控制力越少，就越需要在"内里"发挥能动性。深思熟虑做出选择后,承认这个事实,记下作为选择者的感觉。

人的一生会遇到很多事情,我们无法控制,但如何应对事情,我们可以充分发挥自身能动性。不论是遭遇恐怖可怕的事情,还是在日常生活中,都能体验能动性。

认真思考下面这段话。这是维克多·弗兰克尔在大屠杀中幸存下来后说的一段话:

> 大家身陷集中营,但依然有人穿过小屋去安慰他人,送出自己的最后一片面包。每个人都记得他们。这样的人也许寥寥无几,但正是他们向我们证明:人什么都可以被剥夺,唯有一件事例外,那就是人类最后的自由——在任何环境下,人都有选择自己人生态度、行为方式的权利。

关注原因

关注我们能够发挥能动性的地方,无能为力的事情不要纠结,这一点很重要。例如,我家后院有一棵老苹果树,多年来我一直给它修枝浇水,但它从没结过一个苹果。生活中很多事情也一样,我们尽力而为,给出了因,却不能强迫其结果。我们用心培养和引导我们的孩子,却无法保证他们未来会成为什么样的人。我们可以对他人友善,有爱心,但不能让他们回报同样的爱。我们饮食均衡,营养丰富,经常锻炼身体,定期看医生,但依然不能保证不生病。就像对那棵苹果树一样，我们所能做的只是修枝浇水。

我们可能无法直接创造我们想要的东西，但我们仍然可以推动其潜在的创造过程，将其变为现实。明白这一点有助于增强我们的责任感，获得内心平静。从责任的角度讲，我们能够影响原因，我们就要对原因负责，并发挥主观能动性。花点时间思考一下生活中对你比较重要的方面，比如健康和人际关系，寻找一些你力所能及、既简单又切实可行的事去做，使其得到改善。例如，吃一顿丰盛的早餐，办公时至少每小时站起来活动一下，晚上按时睡觉，不熬夜，这些会让你的生活得到改善。安静下来，认真倾听朋友倾诉，有助于加深你们的友谊。看似微不足道的小事往往会带来巨大的影响。换个角度看生活，你会发现生活中有很多事情需要你的关注。让发现成为一种习惯，全身心投入，采取行动，做出改变。一天结束，在内心深处告诉自己，你已经尽了自己最大的努力，同时享受内心的平静。我们当中很多人毕生都认为有因必有果，认为种了苹果树，一定就会结苹果。一旦认定的结果没出现，就会陷入沮丧和自我批评的旋涡。而事实是，影响结果产生的原因成千上万，其中大部分我们无法控制。认识到这一事实并接受它。一开始可能会感到恐惧，有没顶之感。但当你习惯了，你的紧张感和胁迫感就会逐渐消失，内心也会变得越来越宁静。

决心

每个人都会面临各种挑战，而决心给了我们忍受、应对困难，并生存下来勇气。一个人可能很脆弱，容易受伤，但他也可能是最坚定的。事实上，在我认识的人中，最有决心的往往是那些背负最多苦难的人。我有一位来自海地的年轻朋友，虽然生活极度贫困，但他从未放弃，一直在为摆脱贫困而努力奋斗。另一位朋友随时有失明的危险，但他从不气馁。决心听起来不近人情，但实际上却能带给人愉悦和轻松。越南佛教僧侣、和平倡导者一行禅师曾经说："一朵云、一只蝴蝶和一台推土机。"[①] 有时间你可以认真思考一下。

决心包括四要素：坚定、耐心、坚持和顽强。日常生活中，你可以利用 HEAL 疗法强化决心的这四要素，让它们成为你的一部分。

坚定

坚定意味着目标明确，否则就像一辆空有大排量却无处可去的汽车。为了更好地了解坚定的感觉，回忆一下你认真对待某个目标的时刻。当你全身心投入某件事，你脸上是什么表情？你认真的时候，又是什么表情？这时你脸上的表情可能很严肃，带着钢铁般的意志。感受到坚定体验后，保持几十秒或更长时间，这

---

① 这句话描述的是个人愿望与成就之间的差距。——编者注

样有助于你变得更果断、更坚毅。

当然，在追求目标的过程中，也要随机应变。过度挑剔细节或执着于手段，很容易失去目标。真正的坚定就像划船，在迎风破浪中曲折前行，直至到达最终目的地。

坚定的意志，也需要一颗温柔的心。否则，坚定就会变得冷酷强硬，就像体内住着一位严苛的老板正在对你大喊大叫，你感受不到温暖与尊重。坚定中蕴含着激情、热烈，甚至喜悦。想想那些你应该做但没有坚持的事情，花点时间想象一下全力以赴完成的感觉。即便你只是想想自己做完了，也会体验到更强的责任感。沉浸式感受这种更加坚定的体验。

耐心

十几岁的时候，我曾有过一段难忘的体验。一天晚上，我从公寓向下看，发现一个工人正沿着人行道，步履蹒跚地向前走着。我不知道他是回家还是去换班。但不管怎样，他看起来十分疲惫。也许他的脚受伤了，也许他对现在的生活不满意，但他始终在向前走。他让我想起了我的父母和其他人，他们坚持做正确的事，认真履行他们的职责，一步一步耐心地向前走。

在生活中，我因缺乏耐心犯了很多错误：因某件事花费时间过长而大发雷霆，施压并强迫他人加快速度，或者草率下结论。耐心并不意味着无视真正的问题，但生活中难免有各种延误和不方便的时候，有时我们只能等待。耐心是一种谦逊的美德。心理健康和获得世俗意义上的成功需要两大基本要素，其本质核心就在于耐心。第一个要素是延迟满足，甘愿为了将来更有价值的回报而放弃眼前的利益。第二个要素是痛苦耐受力，即持续忍受痛苦的能力，这有助于避免事情进一步恶化，比如暴饮暴食者或者酗酒者的"自我治疗"行为。

在生活中，挑选几件让你沮丧或愤怒的事情，想象一下，自己是否会更有耐心处理？拥有足够的耐心是一种什么感觉？很可能是一种接受事物本来面目的感觉，忍受痛苦和压力，多次深呼吸，一步步稳扎稳打前进的感觉。在你内心深处，是什么让你更有耐心？关注当下，感受自己还活着，虽然生活中有些不如意，但总体来说，一切还好。你可以刻意地发泄你的愤怒，但请记住，无论你承受了什么，都是漫长人生中一个短暂瞬间。如果你变得更有耐心了，那你会得到什么好处呢？你可能会感觉更好，做事更有效率，其他人也可能会更乐意与你相处。当你体验到耐心时，使用 HEAL 疗法中的吸收法接纳它，将它内化为自己的一部分，真实体会更有耐心的感觉。最后尝试运用连接法，在意识中，同时关注耐心和沮丧体验，试着用耐心来缓解和平复内心的紧张和愤怒情绪。

坚持

有一则流传甚广的寓言在很多文化中都曾出现过：几只青蛙掉进了装满奶油的桶里。桶内壁又陡又滑，从桶里逃脱几乎不可能，一只又一只青蛙放弃了，最终淹死在了奶油里。但有一只青蛙没有放弃，一直坚持不懈地蹬着它的小腿，让自己漂浮在奶油表面。慢慢地，不知过了多久，在它无数次踢腿后，奶油变成了固体的黄油，它成功从桶里跳了出来，从此过上了幸福的生活。

我很喜欢这则寓言，它告诉我们的道理很简单：不管发生什么，我们都应该坚持自己的行为，哪怕只是在心里。即使努力没有得到回报，但在内心深处，你知道自己曾努力过，这本身就是一种光荣和安慰。

每次付出一点点努力，可能很不起眼，但日积月累，持之以恒地坚持，必然会带来质的飞跃。想象一下，你想把一艘大船从码头推入水中。你开足了马力，全力奔跑，撞向大船，它纹丝未动，你却很可能受伤。当然你也可以站在码头的一端，靠在大船上——一直这样靠着。

在你的生活中，有哪些事对你来说很重要，是你一直在坚持的？可能是定期锻炼、冥想，或慢慢修复与配偶或青春期儿女的关系，又或者是一次次短暂的积极体验。成大事要从小事做起。如果让你写一本书，你可能完全无法想象，但如果让你一天之内只写一两页呢？然后每隔几天写上一两页，一年坚持下来，怎么也会写个一两百天，很可能一本也就完成了。

有时候，最需要坚持的是你的想法和感受。我认识一些人，在面对外界的艰难困苦（从事危险工作）时，他们总是很勇敢，毫不退缩，但在情感遭受攻击、变得脆弱的重要时刻，往往选择了放弃。事实是,哪怕再小的步伐,只要迈出去,就是前进。感觉紧张不安时,试着让这种感觉比以往多停留一会儿,或者多和别人聊聊你内心的感受。注意观察结果。一般不会产生什么不好的后果,这样做,不仅让你感觉变好,对其他人也没什么损害。冒点小风险,体验不良情绪,但结果不错,记住此时的体验和感受,植入自己的大脑中。你可以以此为基础继续尝试,坚持下去。

顽强

决心唤醒了我们内心原始而又狂野的部分。19岁那年,我在帮助一群小学生背包穿越约塞米蒂高地时,曾有过一次惊恐的体验。

那时已是春末,但夜晚还是很冷。中午时,我们在河边一大片杂乱的卵石滩上吃完午饭后,继续前进。走了大约1英里[①]后,其中一个孩子发现到他把夹克落在吃午饭的地方了。我提议我回去取,然后大家在下个营地会合,一起吃晚饭。我放下背包,徒步回到那片卵石滩,翻了一遍,找到了那件夹克。但此时我却找不到来时的路了,四处张望了一下,发现周围都是树木、石头和崎岖不平的道路,到处都差不多。离我最近的人也有几英里。我迷路了,只穿了一件T恤,没有水,没有食物。夜幕慢慢降临,

---

① 1英里≈1.6千米。

我开始恐慌起来。

就在那时,一种奇怪的感觉涌上心头:我要不惜一切代价活下去。有一种野性的凶猛,无关残忍或邪恶,就像一只饥饿的雄鹰扑向一只兔子:不是为了欺负弱小,也不是为了报复,有的只是活下去的强烈决心。这种强烈的感觉驱走了恐慌,促使我静下心来,寻找走过的那条小路,最终我找到了。那天深夜,在走了几英里后,我终于和朋友们会合。

那种顽强求生的感觉一直伴随着我,让我多次受益。有趣的是,仅仅是知道在必要的时刻我可以不顾一切只为自己,就能让我在某些情况下表现得宽容大度,可以说是用野性拯救了文明。人也是动物,正是因为足够顽强和坚韧才爬到了食物链的顶端。在心理学、宗教和育儿法中,有一个根本的观点,即每个人内心深处都有一个原始牢笼,里面住满了丑陋凶恶的野兽,必须锁起来。没错,我们需要控制自己的兽性,但没必要因为内心的野性而恐惧羞愧。

回想自己曾经有过的勇猛而顽强的美好体验,也许是在为某人挺身而出的时候,也许穿越荒野时,也可能是处理紧急情况时。认真回忆一下当时的感受,想想,如果现在遇到挑战,如何利用那种顽强的力量帮助自己?回首过去,我发现自己总是表现得过于冷静,不爱争辩。也许你和我一样,那么,你同样也可以像我一样,在内心打开一扇门,在需要的时候释放强大凶猛的力量,让自己受益。

活力

我们的想法和感受都源于身体的感觉和运动。例如，心理学家发现，不仅儿童的认知发展受感觉运动影响，成年人的身体感觉，如快乐和痛苦、精力充沛和疲劳以及健康和疾病，也会对其看法和感受产生重大影响。同样，我们对自己身体的感觉和对待方式也会对我们产生影响。多年来，我一直对自己的身体不满意，不是觉得太瘦，就是觉得太胖，一直坚持锻炼身体，日复一日，不停地鞭策自己，希望变得更好。如果一个人不喜欢自己的身体，就很难照顾好它，那么随之而来的必然是活力下降，毅力和复原力也随之下降。我们需要接受、欣赏和呵护身体，把它当成朋友，而不是用完即丢的东西。

接受你的身体

对你的身体，你有什么感觉？许多人对自己的身体不满意，并为此感到尴尬和羞愧。其中一个原因是，我们从小就被灌输的无数观点，即女孩和男孩、女人和男人以及普通人，都应该是什么样子。想想这么多年，父母、同学、朋友曾对你说过的话，以及你在广告和媒体上听到和看到的。

很少有人能真正达到那些标准，但它们还是深深扎根在我们内心，看着镜子里的自己，我们百般挑剔，为自己的身材而羞愧，不停地给自己施压。于是开始热衷于节食和健身，进入"溜溜球"减肥模式，身体瘦了又胖，胖了又瘦，循环往复，最后很可能会饮食失调。

要想更好地接受自己的身体，首先在脑海中想一些自己喜欢并尊重的人。你尊重他们是因为他们的长相吗？不太可能。也可以考虑一下新结识的朋友，越过他们的外表，深入了解他们内心，你需要多长时间？也许一分钟都用不上。我们总是觉得别人会关注我们的外表，但其实不然，大家都一样，没有几个人在乎你长什么样。

大多数人根本不在意你长什么样，知道了这一点，你有什么感受？知道在他们看来，自己长得还不错，又是什么感受？花些时间用心体会一下这种感受。如果有人就你的体重说三道四，不要理会，把注意力放在大多数人对你的看法上。树立一种坚定信念，即坚信其他人认可你的长相。不时和自己强调："别人都很忙，都有自己的事情……没时间管我长什么样……即使有哪个人说了什么，其他人也不是这样想的，他们觉得我长得还可以。"敞开心扉感受轻松安心的感觉，放轻松，接受积极体验的洗礼。

然后，迈出下一步，看看你是否可以和周围人一样，接受你的身体。希望有健康的身体和理想的身材，这没什么不对。但不管你现在身体什么样，请接受它现在的样子。首先选出自己身上最喜欢的部位，可能是手，也可以是眼睛。接受身体的这一部分，体验自己接受它时的感受，记住这种感受。

然后，从脚开始，逐一尝试，接受身体的每个主要部分。你可以透过镜子直接看着自己，或者在大脑中回想自己身体的每个部位。想些办法帮助自己接受自己。如果不喜欢自己身体的某个部分，就先跳过去，看下一个部位，并对自己说："左脚，我接受你……右脚，也还可接受……右小腿，样子可以接受……右小腿，也可接受。"让这种接受体验在你脑海里成长蔓延，放轻松，不要评论，也不要挑毛病。此时，你可以利用 HEAL 疗法中的连接法，用接受体验来减少或消除对自己身体的不满。

欣赏你的身体

接受了自己的身体，你会欣赏它吗？假设你有一个朋友和你拥有一样的身体，也和你一样多才多艺、心地善良，你拥有的其他美德他也一样不缺。假设你这个朋友和你一样，对自己的身体百般挑剔，感觉让自己丢脸，一点儿也不满意。想象一下，你会如何劝说他？如何表达你的关怀？如何鼓励他？你可以把你想说的话写下来，然后在心中默念或者大声读出来。试着做一做下方的练习。

身体，谢谢你

与其他练习一样，具体实践时，根据自己的需求进行调整，照顾好自己，远离任何让你不舒服的事情。深呼吸，放松自己，感受当下的感觉。想想那些欣赏你、喜欢你或爱你的人，敞开心扉感受被关爱的感觉。

想象自己的生活就是一部电影，一部从童年演到现在的电影。观赏这部电影，看看你的身体是如何保护你、为你提供服务的。也许它有很多缺陷，如残疾或疾病，但依然在很多方面照顾着你。想象身体正在向你诉说它所作的一切："我有眼睛，让你能看见……我构建了一个奇妙的大脑，让你可以思考和做梦……我的臂膀和双手让你可以拥抱你爱的人……我让你能够走路和工作，让你可以唱歌跳舞，让你享受无尽的快乐。"

从头到脚，认真观察自己的身体。试着欣赏身体的每个部位，并对自己说："脚，谢谢你带我走……大腿，你一直尽职尽责，非常感谢……心脏和肺，每一次的心跳和呼吸，天啊，真是太棒了，太谢谢了……双手和臀部，你们就是我想要的样子……胸部和手臂、脖子和肩膀、头和头发，谢谢你们为我做的一切。"

想象一下自己未来的身体。在接下来的一年里，想象一下在不同情况下——也许和朋友在一起，也许在工作中，也许是和家人聚会——你完全接受了自己的身体，真心感激它，并由衷地喜欢它。当这些美好感受和身体联系在一起时，认真体会一下你内心的愉悦，沉浸其中，将这种感受植入你的内心。

呵护你的身体

身体健康对于培养复原力有巨大帮助。最大的安全风险来源于身体健康受到威胁。作为一名心理学家,我并不是要给出什么医学建议,只是和大家分享一些显而易见的尝试。

- 饮食均衡,营养丰富
- 保证良好充足的睡眠
- 经常锻炼
- 远离烟酒和毒品
- 健康问题早发现,早治疗

大多数人都知道应该做什么,但关键是表现出行动的能动性和决心。看一下上面几项,思考一下,看看你做到了几项。如果有哪项是你应该做而没做到,那么停下来,想想后果:每天你有什么感觉……其他人有什么感觉?……1年、10年或20年后的你会有什么感觉?……你想活多久?想过得好吗?

改善个人健康,养成良好习惯,说起来容易,做起来难。"我明天就开始。"话说出口很容易,但真正行动却一拖再拖,日复一日,很多人最后不了了之。当有事发生,如受伤、患重病或承受巨大压力,脆弱的身体不堪重负,如同被白蚁掏空的房屋,即使树枝掉在上面,都有可能垮塌。有时,知道自己走投无路并不是一件坏事，反而是一种动力——告诉我们是时候做出改变，让生活变得更美好了。

想象一下，一旦做出改变，会带来多么美好的体验。花点时间，想象一下自己身体健康、精力充沛的感觉，自我尊重的感觉，别人赞赏的感觉，未来若干年与朋友和家人一起对生活充满希望的感觉。如果怀疑自己是否能一直坚持这样的改变，只需把注意力聚焦到改变带来的巨大回报，认真感受回报带来的体验。根据 HEAL 疗法，可以从五个方面丰富你的体验，你可以选取其中一个或多个增强体验：与这种体验共处，加强体验感受，敞开心扉，让体验感深入你的内心，努力在体验中寻找有趣新奇的部分，弄清楚这种体验对你的价值。这些方法都非常有用，可以帮助你的大脑铭记这种改变。

接下来当然是采取行动，切实做出改变。从一些简单易行的小事开始。例如，如果你想减少碳水化合物的摄入量，那么午餐就吃只一份富含蛋白质的沙拉，不要买甜甜圈。如果想要有良好充足的睡眠，晚上 10 点前就关掉电视。如果想要多锻炼，就和朋友约好，经常散步。如果酒精成瘾，就不要在家里放酒。一旦采取行动，哪怕只是做一些微小的改变，也会有所回报。获得回报后，静下心来，细细体会改变带给你的美好感受。

我并不是说养成一个新的健康习惯有多难，但也绝非易事，至少对我来说是这样。但是，如果你从以下三个方面入手，成功的概率就会大大增加：认识到改变的必要性，采取适当的行动，获得回报后，将回报体验内化成内心的力量。果树需要经常浇水，才能结出甜美的果实。健康习惯同样需要持之以恒，才能让你的生活变得更美好。

本章要点

- 仅仅几次受挫、无能为力和失败的体验就会导致习得性无助，这不仅会摧毁我们的应对能力和雄心壮志，也是导致抑郁症的主要风险因素。因此，在面对挑战和人际关系难题时，寻找你能做的事情是非常重要的，哪怕只是在脑海中寻找，也是很有必要的。
- 人生很多时候，我们可以影响原因，但无法控制结果。明白这一点，有助于提升责任感，获得内心宁静。
- 利用HEAL疗法，内化坚定、耐心和坚韧的体验。
- 心理健康并不意味着一味压制我们的原始野性，彻底封锁内心热烈而又令人惊叹的力量。在必要时，释放天性，发挥顽强、勇猛和野性的力量，有助于提升复原力。
- 你对自己身体的感觉和对待身体的方法，会影响你的健康和活力。反过来，健康和活力也会影响你的思想、感受和行为。

- 就像你不在意别人的长相一样，大多数人（虽然不是全部）也不会对你的身体评头论足。接受你身体本来的样子，专注你欣赏的部位。
- 只要是对身体健康有益的，就立刻行动起来，不要拖延。不要说"从明天开始"，相反，问问自己："今天我能做什么？"

第 5 章

感恩之心

> 小猪发现,虽然它的心脏很小,却盛得下无限感激。
>
> ——艾伦·亚历山大·米尔恩

和其他积极情绪一样,感恩也有很多重要的好处,不仅可以增强免疫力,保护心血管系统,确保我们身体健康,还有助于我们走出不幸和创伤。感恩还扩大了我们的感知范围,令我们眼界更开阔,拥有更多的机会。而且,感恩还能激发我们的理想和抱负,与他人建立和谐关系。

我们往往倾尽一生只为了追求美好未来,却让当下的我们充满压力、疲惫不堪。怀有感恩之心,会让你感觉好起来。接下来,我们将一起探索如何通过表达谢意、享受快乐和成功,以及感受他人的快乐,培养感恩和其他积极情绪。

表达谢意

回忆一下自己最近一次表达谢意的体验，可以是大声说出谢谢，也可以是在心中默默感谢。也许是在吃饭时，得到一个拥抱时或者仰望天空时。当我们心存感恩时，内心自然而然会放松下来，那是一种需求得到满足的感觉。

想想你曾得到过的一切，比如友谊和爱情、教育、生命，以及一个130多亿年前形成的宇宙。而这还只是个开始。在人的一生中，可能经历很多艰难困苦，但总有那么一些人或物，值得我们感恩。

可以做个小实验。回想一下你曾得到的某个馈赠，然后心里想着"谢谢"或说出来。感恩本身就会带给人很多美好的感觉。罗伯特·埃蒙斯和其他研究人员发现，感恩有一系列好处。

- 让人变得更乐观、更幸福；提升自我价值感；减少嫉妒、焦虑和抑郁。
- 增强一个人的同情心，让人变得更慷慨、更宽容；增强和他人的关系，降低孤独感。
- 改善睡眠。
- 提升复原力。

第 5 章　感恩之心

如何培养感恩

感恩并不意味着减少或否认麻烦、疾病、损失或不公。感恩是指欣赏一切的真实存在：鲜花，阳光，回形针，淡水，他人的善良、知识和智慧，以及轻触开关即可见到的光明。

如果不愿意看到这些馈赠，担心会忽视问题或放松警惕，那你就需要提高警惕了。实际上，心怀感恩的同时，依然可以保持对问题和风险的敏锐洞察力，记住这一点有助于你培养感恩之心。

人生中遇到痛苦的事情不可避免，但痛苦往往都蕴含一份馈赠。例如，孩子长大离家，我们会想念他们；但看到他们长大成人，我们也会感到欣慰。

对感恩的研究有一个重大发现，即与他人一起庆祝生命的美好时刻，意义重大。我记得女儿上幼儿园时，我与妻子曾和其他上百位家长坐在一起，看孩子们表演小短剧和唱歌。那一刻的感觉真是太美妙了，真是太感谢孩子们和他们的老师了。

试着让感恩融入你的日常生活。例如，你可以在办公桌旁或者汽车仪表盘上放一个提示牌，提醒自己要感恩。你可以把你要感恩的事情记下来，或者给某个你想感谢的人写信，表达你的感激之情。培养感恩之心，一个有效的方法是，每天在睡前回顾生活中发生的三件值得感恩的事情，体会接受馈赠时那种心怀感恩和安心的感觉，以及伴随而来的敬畏和快乐。根据 HEAL 疗法，沉浸式体验这些感受，将它们植入你的内心，成为你的一部分。想要进一步体验，可以参考下方表格中的练习。

心怀感恩

深呼吸，然后放松。想一个你真心想要感谢的人。这个人都为你做过什么？在回忆中衷心表达你的感谢，体会感恩的感觉，沉浸其中。

想想在你的人生中，那些值得感恩的事情：你的天赋、出生地和时间、你的父母，以及交到的好运。这一切固然离不开你的努力，但自己能够幸运地拥有这一切，依然要心怀感恩。

想想大自然：花朵、树木、成群的鸟儿以及海里的生物。在心里默念或大声地说"谢谢"，看看会发生什么。让心中充满感激，并向外逐渐扩散。

想想你每天使用的物品，很多都是很久以前他人发明和制造的，如车轮、安全别针、智能手机、酱油、路灯、停车标志、拉链和皮带扣。前人把这些传给你，供你使用，值得你说一声"谢谢"。

退一步，纵观整个银河系，想想银河系及生命形成过程中发生的一切：我们所在的太阳系，热爱的家园地球，30亿年前生命的诞生，人类出现，你的祖父母、外祖父母出生，他们有了孩子，他们的孩子相遇，然后有了你。如此多的事情集合在一起，最终有了你的诞生。顺着时光之河逆流而上,你会看到太多值得感恩的事情!在这里,我也要对你们说一声"谢谢"。

享受快乐

生活中让我们快乐的事情很多,如美丽的风景、奇妙的想法和与他人共度的美好时光。健康的快乐会驱走不健康的快乐,比如吃完一个苹果,就会降低对糖果的兴趣。如果你感觉有压力或心情沮丧,简单的快乐(比如听音乐)可以让你内部压力计的指针从红区转向绿区。利用 HEAL 疗法反复内化快乐的体验,随着时间的推移,你会发自内心地感到越来越快乐,而且这也有助于你降低你从外物寻求快乐的渴望。

不幸的是,许多人并没有体验过多少真正的快乐。理由很简单,就像丹麦思想家索伦·克尔凯郭尔所写的:"匆匆忙忙、一心追求快乐的人,反而在匆忙间错失了快乐。"在快节奏的文化中,放慢脚步,享受乐趣不是一件容易的事情,需要付出更多的努力。另外,无法真正体验快乐还有很多个人原因,你是不是这样?有人可能这样想过:"我的职责就是让别人开心,我自己无所谓。"也有人认为:"还有那么多人在受苦,我怎敢享乐?"甚者有些快乐被视为耻辱而遭到禁止。

如果你发现自己无法发自内心地感受快乐,可以试试以下方法激活自己的大脑。

- **顺应**：利用正念练习和自我关怀，探索快乐受阻的原因，确定它是如何产生的。
- **放手**：放松身体，减少因阻碍产生的紧张感。对阻碍事件提出质疑（如阻碍事件的问题）。清楚地告诉自己，不想因阻碍失去快乐。
- **接纳**：对自己说一些能够打破阻碍的话（如"我也有权享受快乐"），想象一下，享受更多快乐的感觉是多么美好。

人生充满痛苦，似乎毫无快乐而言。人生皆苦，这是事实。接受事实，正念、自我关怀和其他内在资源能够帮助我们承受痛苦，让我们有更多精力感受快乐。不要被痛苦困住，一心想着和痛苦对抗，敞开心扉，你会发现还有很多事情值得你享受。

享受快乐本身就是一种能动性的表现。即使在最艰难的时刻，也有机会获得简单的快乐：干渴时的一口水，小鸟的鸣叫，一段美好的回忆，肮脏的人行道上的裂缝中探出一丛小草。我曾参观过一家重度发育障碍者活动中心，在那里看见的一幕我至今难以忘怀。在一个拐角处，我看到一个年轻人躺在走廊的一张小床上，他不能走路，智商估计在20左右，但看见我，他却对我露出了大大的笑容，面部都因为过于快乐而颤抖。

快乐日记

生活越艰难,体验和内化心理资源(包括愉悦感)就越重要。其中一个不错的方法就是写快乐日记,可以记录在纸上,也可以记在脑海里。

想想你今天体验到的感官快乐:看见摩天大楼、人脸和各色石头;听见音乐声、水声和欢笑声;品尝了水果、茶和奶酪;柔软布料、孩子的小手以及枕头的触感;闻到了橘子、肉桂、玫瑰和咖喱的味道;感受运动、拉伸、走路和奔跑带来的快乐。

想想精神和情感上感受到的愉悦,比如完成了一个填字游戏或者学到了有趣的知识。正念和祈祷能带给人快乐,演奏音乐或晚餐尝试新菜也可以。接受自己,放下过去的痛苦,同样会让你心情愉悦。

当然,社交也会带来快乐。一起欢笑,对着小孩轻声细语,和大家齐心协力完成某项工作,更好地理解另一个人——一切都如此美好!最崇高的快乐源于高尚的道德,如正直感,即使面对困难依然坚持做正确的事情。

每天,认真记录感受到的每一段快乐时光。在纸上记录下你的快乐时刻,也许到了晚上,你会发现数量惊人。或者在睡前花几分钟时间,回顾一下自己这一天感受到了多少快乐。

感受成功

人体内有一个目标体系，从个体细胞内部的微观调控过程到个人最崇高的理想，各有各的目标。生命本身就是目标导向的。实现目标的体验会让你心情愉悦，减轻压力，激发动力。这样的体验让你相信，自己正在不断进步，有助你一整天保持响应模式，即停留在绿区。在这里，目标主要包括成果目标和过程目标两类。成果目标如早上起床，工作中和同事相互理解，晚饭后洗碗等。过程目标，即不断发展的价值观和目标，比如一直诚实、学习和成长，关注自己的健康。

如果你认真回想一下，会发现每小时里，你都完成了许多成果目标和过程目标。例如，当你进出一个房间，每一步都是一个目标。这听起来可能不值得一提，但对一个蹒跚学步的婴儿来说，每一步都是一次胜利。在对话中，每听懂一个字，每破译一个表情，都是一个目标的实现。在工作中，阅读的每封邮件、发送的每条短信、会议上提出的每一个观点，都是在达成一个目标。

既然每一天都充满了大大小小的目标，那么每天就有无数机会体验目标实现的感觉。这不仅有助于建立内在成就感，而且可以帮助我们更好应对他人的批评，减少对他人认可的依赖。过于自负或表现得高高在上，其实就是一种虚张声势，掩盖曾经的失败和不自信。因此，内心成就感有助于人们放轻松，缓解压力。

持久的成就感来自许多小成就的内化体验，而不是来自外部某个巨大收获，如一辆豪车。

体会失败

虽然我们每天都要完成无数的成果目标和过程目标，但依然有很多人感受不到成功。其中一个原因是大脑的消极偏见。如果我们没有达成目标，大脑内就会拉起警报，多巴胺分泌减弱，这时人感觉很糟糕，焦虑、紧张和冲动情绪随之攀升。但当我们实现目标时，我们往往意识不到成功。在完成一项又一项任务时，人们可能会分心或变得迟钝，或者过于专注即将发生的其他事，这个目标刚达成，还没来得及感受，就冲向了下一个。

注意到自己达成了一个目标，你是否会体验到成就感，哪怕只有一瞬间？因为不想因自己的突出或特别而招致嘲笑或排挤，所以抑制成功的感觉，这样的事情很常见。当你真实感受到成就感时，你会让自己放松，接受它并把它植入你的神经系统吗？在人的一生中，成功达成的目标数不胜数，与之相比，真正失败的次数根本不值一提。但失败会被大脑关注，激发痛苦感受，并深深储存在记忆中。这也让我们在达成目标后，很难体验到成就感，感受成功带来的各种美好体验。

如果你在批评声中长大，即使得到了再多的爱，害怕失败的恐惧也会与日俱增。如果你在一家公司，或更广泛的，在一个社会中如同仓鼠轮上的仓鼠一样，被鞭策着做简单重复却毫无进展、无法带来任何满足感的工作，那情况就更糟糕了。赚到了1美元？还想要赚1000美元。赚到了1000美元？嗯，还有人赚10 000美元呢。升职了？还有高更的职位呢。赢得了总冠军？希望明年再次夺冠。工作越来越努力，加班越来越晚，付出110%的努力……但永远不满足。球门离我们越来越远，进球也越来越难。

无论是对一个孩子，还是公司的CEO，害怕失败都可以成为前进的动力。但从长远来看，这些负面情绪会消磨人的斗志，使人表现不佳。拥有成就感，感受自己的成功，有助于人们树立更高的目标，从挫折中恢复，并达到最佳状态。

既然你每天从一个成功走向另一个成功无数次，那么拥有成就感、感受成功的喜悦，不是理所当然的事情吗？

每天的成功

每天，我们都会完成多个目标，用心观察。注意每达成一个小目标带来的成就感，比如准备一顿饭，给打印机加纸或者给孩子读故事。哪怕只是完成一件小事，比如喝一勺汤——拿起勺子，放入碗里，舀出汤，把汤送到嘴边，汤没有洒出来，把汤放进嘴里，最后把勺子放回桌上。每一个动作的完成，都意味着达成了一个目标，都提供了一次机会感受成功的美好。

同时，也要注意实现重大目标过程中取得的进展。例如，把孩子培养成人，完成学位课程，或为了以后退休存钱。在整个过程中，每迈出的一步，似乎都不大，但日复一日，年复一年，随着时间的推移，你会发现已经走出了很远，成就感油然而生。

也不要忘了自己持续实现的目标，即过程目标，包括你如何始终坚持诚信原则，如何维持家庭稳定和工作顺利。换个角度，想想自己今天没有遇到任何不幸的事：没在浴室滑倒，家里没发生火灾……事实上，这也是一种成功，值得我们感恩。

即使生活遇到困难，也有很多方法可以感受成功体验。在某些事上失败感越强，越需要从其他事情的成功上获得认可。有了成功体验后，敞开心扉接受它，根据 HEAL 疗法，把它内化为自己的一部分。要想获得更加丰富具体的成功体验，可以试着做下面的练习。

感受成功

深呼吸，放松身体。找到自我支持的感觉。回想你今天已经完成的一些小目标，比如起床、喝水、在家里或工作中完成的任务。引导自己感受完成这些事带来的成就感，用心体会伴随而来的愉悦、安心和价值感。在这种体验中多停留一会儿，丰富自己的感受……用心体会，承认成就感对你的重要性。吸收成功的体验，体会它们正浸入你的身心，成为你的一部分……关注成就感带给你的愉悦感受。

在实现重大目标的过程中，承认自己的进步，比如打造一个花园，结识一个新朋友，或者为升职做准备。从这种认可中寻找成功的经验，植入内心深处。

注意那些持续的过程目标的实现，如一次又一次的呼吸、生命的延续……一直保持热心、公正……不断付出努力……享受生活。敞开心扉，接受成功的感觉以及其他相关感受，如满足。

感受成功体验时，可以利用连接法把它和消极体验建立联系，比如失望、担忧、紧张、冲动或自卑等。在意识中，集中精力关注成功体验，一旦陷入负面情绪，立刻离开。想象一下，成功体验探触到了消极情绪，探索内心的灰暗之处，也许能够深入到你童年的失败体验。让成功体验平复、抚慰内心的痛苦，重新审视曾经的失败。当一切结束后，全心体验成功的感受，不要再纠结任何消极体验。

随喜赞叹

想想当你看到孩子的笑脸，听到朋友分享的好消息，或者得知同事大病痊愈时，你心里的感受。这种因为他人而产生的愉悦感受，即利他主义喜悦。人类作为社会性动物，利他主义喜悦的存在有着十分悠久的历史。在以狩猎采集为生的时代，我们的祖先小规模群居，只有族群发展壮大，自己才能活下去。因此，在进化的压力下，人类发展出了同情心，即关心他人的痛苦，又为他人的好运而快乐。有时我们的确会为了有限的、稀缺的资源而竞争，比如同时申请一份工作。但如果是公平竞争，即使输了，我们也输得起，并尊重他人的成功。事实上，生活中很多事情都不是非输即赢的：一个人身体健康、婚姻和睦、孩子茁壮成长，并不妨碍另一个人也拥有这些。

快乐无处不在

有人曾说过："快乐着别人的快乐，你就可以永远快乐，因为总有人是快乐的。"为家人、朋友或善待我们的人感到快乐，是一件很容易的事情。也可以试着为其他认识的人，甚至陌生人感到快乐。事实上，任何人或物都可能会带给你快乐，如某个人、某个团体、周围的人、远方的人，甚至是家里的宠物。

生命中不仅有各种各样的人或物值得我们高兴，也有诸多好事带给我们快乐。你可能会为某人最近生活中的好事感到快乐，也可能因为健康、温馨、欣欣向荣的家庭生活而感到快乐。一个认识的小孩，想到他每天学了很多知识，或者你在意的人身体变得越来越好，都会让我们心生愉悦。有时，仅仅是某人还活着，我们就会为他感到开心。

回忆一下他人真心为你高兴的时刻，可能是你升职了，或者身体问题只是虚惊一场。回想一下，是否还记得你当时是多么感动。反过来，别人曾给予你的支持、认可和良好的祝愿，恰恰也是你为别人感到高兴时可以给予他们的。

这样做对双方都有好处。无私的快乐让人心情舒畅，敞开心扉，积极面对更广阔的世界。另外，为他人感到快乐，他人也会感受到你的快乐，有助于加强人际关系。

复原力

失望和嫉妒的解药

走在繁忙的城市街道上,我们很容易忽略一个事实——对一个人来说,大约 50 人构成的社会环境就足够了。作为社会性动物,这是大多数人的生活状态。200 多万年前,人类祖先刚开始制作工具时也是这样的生活的。因此,大脑和思维的进化是为了适应某个特定环境,即规模较小的族群。

无论石器时代的部落,还是八年级的某个班级,还是办公室里的一群同事,与他人相比,知道在这个群体中自己所处的位置,十分重要。我们不仅和对手比,也和朋友比,以此衡量自己。如果觉得自己比他人做得好,我们会感到安心和有价值;如果感觉不如人,心情就会很糟糕。因为社交媒体的存在,我们拿自己的整部人生电影——不幸的是,我们了解自己所有的缺点——与其他人精心剪辑的精彩片段进行比较,会出现失望、自卑和嫉妒的情绪也是很自然的事了。

为他人开心,是消除这些消极情绪的天然良药。它不仅可以把你从自我批评和痛苦的深渊中拉出来,还能让你变得积极乐观。嫉妒他人的好运,不仅让你痛苦,也会阻碍你为他人开心。要克服这个障碍,首先要承认自己得到的祝福和快乐、取得的成就,以及为他人做的贡献。他人生活再顺利,也不妨碍你拥有美好生活。要清楚,再幸运的人也有痛苦,同样要面对疾病、死亡和不可避免的损失。记住,一个人成事有很多原因,有些原因非人力所能左右。例如，DNA 遗传的天赋或父母的社会阶层。这意味着你不需要把他们的"好"或你的"坏"放在心上。

和那些你乐于为他们开心的人在一起。当你为他们的好运感到高兴时，放轻松，全身心感受这种体验。然后再尝试为其他人开心。反复尝试，慢慢你就会养成为别人感到快乐的习惯。这不仅是一个可靠的获取快乐的方法，也可以让我们心胸变得更开阔。

本章要点

- 我们总是追求美好的未来，而忽视当前的压力。令人痛苦的是，我们一心追求幸福，反而把它推得越来越远。一定要心怀感恩，追求当下的幸福。
- 感恩美好事物，并不意味着无视有害事物。事实上，心怀感恩不仅有益身心健康，还让我们更具复原力，更有能力应对挑战。
- 快乐可以快速减轻压力或帮助我们摆脱烦恼，但经常被忽视。用健康的快乐驱走不健康的快乐。内心越快乐，就越不受外物束缚。
- 由于大脑的消极偏见，数百次达成目标的事实摆在那里，我们视而不见，但哪怕只有一次错失目标，我们也会耿耿于怀。每天寻找机会,让自己多次体验成功。接受这些体验,用它们来弥补和治愈失败或自卑的感觉。
- 如果你能为他人的快乐而快乐,你就会永远快乐。

第 6 章

自信满满

太多人夸大了自己所欠缺的，低估了自己所拥有的。

——马尔康姆·福布斯

在我开始创作本书时，我的朋友生了个女儿。现在，这个小姑娘已经开始学走路，每天都想到处走。在确保孩子不受伤的情况下，父母将给予她足够的帮助，让她可以碰触或者品尝任何她想要的东西。如果她撞哭了自己，他们会关怀安慰她。在她一岁生日之前，这样的互动发生过无数次，每一次，她的父母都给予她帮助和鼓励，小姑娘变得非常自信，也很快乐。这些体验已经融入了她的神经系统，累积了足够的资源，满足了她的联结需求。

对我们所有人来说，从童年到成年，这样的学习过程从未停止。除了父母，我们还会和兄弟姐妹、同龄人、老师、老板、朋友，乃至敌人相处。如果相处和谐融洽，我们就会获得一种被关心、被重视和自信的感觉，这有助于我们应对挑战，尤其是在人际关系中，同时也有助于我们培养对自己、对他人、对世界的信心。但如果在交往中，我们得到的多是否定和拒绝，很少得到鼓励和支持，那么我们往往会变得缺乏自信和安全感，自卑，脆弱，没有韧性。

如何增强自信这一内在力量，我们首先要探讨的是人类大脑进化以及安全型依恋和不安全型依恋的影响。稍后，我们将介绍如何建立内心安全感，以及如何保持情绪平衡稳定。最后，我们将介绍如何直面内在批评者，增强自我价值感。

社会脑

我们的人际关系及其影响是社会脑长期缓慢进化的结果，随着哺乳动物的出现，这种进化就开始了。与大多数爬行动物和鱼类不同，哺乳动物抚养幼崽，很多时候需要与伴侣合作，甚至是终身合作，并在许多方面需要和其他同类合作。为了处理复杂的社会关系，哺乳动物需要更强大的信息处理能力，因此需要更强大的大脑。按照身体比例计算，哺乳动物的大脑通常比爬行动物和鱼类的都大。而且只有哺乳动物的大脑拥有具有六层结构的新皮质。新皮质很薄，结构复杂，被称为大脑的外层"皮肤"，是复杂体验、交流和推理的神经基础。

社交能力让哺乳动物能够在各种不同的环境中茁壮成长，如南极水域的海豹、酷热沙漠里的老鼠以及漆黑洞穴里的蝙蝠——最终让一类哺乳动物成为地球上的优势物种。在螺旋式发展进化中，灵长类动物和人类祖先因为社会化而获得了更多生存机会，也就促进了社会化大脑的进一步发展，这使得更复杂的关系成为可能，而关系越复杂，就越需要更强大的大脑来处理。例如，灵长类动物的社会性越强——群体内互动性增强，联盟和竞争关系更复杂——大脑皮质也就越发达。大约 250 万年前，早期人类开始用工具打造更多工具以来，大脑的容量增加了两倍，其中大部分能力都和社交能力相关，比如同理心、语言、合作规划、同情心和道德推理。

随着大脑变大，童年期也变长了。刚出生的黑猩猩的大脑只有成年黑猩猩的一半大小，而人类婴儿的大脑只有成年后大脑的 1/4 大小。原人和早期人类的大脑需要更多的时间才能发育成熟，这就增加了孩子对母亲的依赖。在族群中负责照顾孩子的人，不管是原人，还是早期人类母亲，她们收集食物、躲避捕食者或保护自己的能力都较差。她们不得不依靠别人，包括她们的伴侣、亲属和同伴。这推动了人类伴侣关系的发展，加大了父亲对养育孩子的投入，最终带动了整个族群的发展。

依赖听起来像人类的一个弱点，但事实上，这是我们最大的优势之一。人类的足迹已经覆盖地球最遥远的角落甚至月球。而人类之所以能够取得如此巨大的成功，正是因为相互依存：孩子依赖父母，父母相互依赖，家庭依赖社区，而社区依赖许多没有抚养孩子的成年人。

信心一词本身蕴含着"拥有信任或信念"的含义。如果某人值得信赖，我们就会对他产生信任感，并对自身价值充满信心。但如果没人可以依赖，那么出现自卑、自我怀疑甚至羞愧的感觉，也是很正常的。这在童年阶段尤为明显，那时的我们对他人依赖最多，也最容易被消极体验影响。

安全型依恋和不安全型依恋

从身体角度来说，我们的生存需要获得足够的空气、水和食物。此外，我们也必须得到社会的支持，尤其是在童午时期，我们需要大量的关怀、熟练的照顾和充足的爱。渴望被关爱是人类的特有属性。事实上，我们需要的是感觉到我们值得被关心。有些儿童和青少年的这种需求得到了充分满足，而有人却没有。他们的需求需要从父母、兄弟姐妹和同学那里得到满足，但后者也有自己的需求和问题。人各有不同，但几乎每个孩子天生就会问这样的问题，一遍又一遍："你能看见我吗？""你在意我吗？""你会对我好吗？"一个人的精神世界是自下而上，在无数体验的残余中建立起来的，而基础层是在你生命最初的一两年奠定的。

到孩子两岁时，和照顾者相关的无数体验逐步累积，形成了最初的依恋类型。在小学和初高中阶段，人际互动是由最初的依恋类型塑造的，并有逐渐加强的趋势。除非出现重大的转变，比如显著的个人成长，否则，成年后，小时形成的依恋类型会对成年后的人际关系产生重大影响，尤其是亲密关系。

简单来说，如果父母和其他照顾者在照顾孩子时，通情达理、负责任、有爱心，而且沟通有技巧，比如值得信赖，能够为孩子提供"足够好"的社会供给，孩子很可能会形成安全型依恋。他们能感受到被爱和自我价值，也有很强的自我安慰和调节能力。在内心深处有安全感的人更乐于探索世界，能够忍受分离，也更容易从伤害和失望中恢复过来。他们可以轻松地说出自己的想法和需求，因为过去他们无数次这样做，都得到了很好的回应。他们不会依附他人，也不会拒绝别人的靠近。在内心深处，他们最主要的联结感需求得到了极大满足，他们的依恋体系以响应模式为中心。他们非常自信。

如果孩子不仅经常看不到自己的照顾者，而且从他们那里得到的只有漠不关心、冷漠和嫌弃，甚至是惩罚和虐待，他们很可能形成不安全型依恋。（不安全型依恋有三种类型：回避型、矛盾型和混乱型，此处不会对三者的区别做赘述。）有这种依恋类型的人往往会很自卑，感受不到自我价值，不确定对别人来说自己是否重要。因为他们自身的经历，他们也会怀疑其他人是否值得依靠，能否给予帮助，是否值得信任。由此，他们习惯性地和别人保持距离，对他人既不会有太多期待，也不会依赖他人。因为没人在意他们的感受，他们也不太在意自己的感受，同时，因为内心深处的自卑和自我厌弃，他们遇事总是先找自己的不是，严于自我批评。结果就是，他们适应力较差，很难应对压力和挫折。在内心深处,因为联结感需求没有得到充分满足,在人际关系中,他们很容易进入应激模式。

内心安全感

从概念上看,安全型依恋和不安全型依恋很容易区分,但在现实生活中则很难界定。安全型依恋和不安全型依恋处于一个范围的两端,就像光谱中亮绿色和亮红色各占一端,中间的色彩混乱而复杂。在这个区间内,不管你身处何处,不管是在特定的关系中还是一般的人际交往,你都可以向着安全的一端迈进。神经系统的可塑性使我们很容易受到不良人际关系的影响,但同时它也使我们能够从良好的关系中获得治愈和成长,并随着时间的推移,获得更多安全感——在与人的交往中,更多时候处于绿区。

接受他人的关怀

现在的体验无法让你感受作为一个孩子或成年人应得的所有美好,但至少能够弥补过去的某些遗憾。关怀根据强度分为五种,由弱到强分别为被接受、被看见、被欣赏、被喜欢和被爱。感受到关怀,反复内化这些体验,随着时间的推移,有助于建立安全型依恋关系。

每一天,在与某个人相处时,用心寻找那些微小而珍贵的瞬间:有趣的、友好的、感恩的、同情的、尊重的、深情的、有爱的时刻。虽然在这段关系中也可能存在不好的事情,但无论如何，你获得的好处是实实在在的。利用 HEAL 疗法，承认他人的关怀，并将之转化为一种体验，保持几息或更长时间，让它融入你的内心。大多数时候，这种体验短暂而温和，当然你的体验也可能很强烈，比如与你的伴侣的亲密感。经过无数体验并强化后，在内心深处，你会真心觉得自己值得被重视、被喜欢和被爱，为找回自信打下坚实的基础。想要获得更长久、更持续的体验，可以试试下方的练习。

感受被关怀

想想那些对你很重要的人，留心一下关心他们是什么感觉。看看哪些方法可以让他们感受到你的关怀。换个角度想一下，你知道感受被关怀是有好处的，那么，你希望被关怀也是很正常的了。

想想今天或过去给予过你关怀的人或物。他们可以是一个人、一群人、一只宠物或者是某位神仙。任何形式的关怀都很重要。认识到你现在正以各种方式被关心着，承认一直都有人关心你。将这种认知转变成一种体验，感受自己正在被接受、被看见、被欣赏、被喜欢和被爱。

全心体验被关怀的感受。如果出现不好的想法和感觉，不要理睬，继续把注意力放在被关心的体验上。在这种体验上多停留一会儿，全神贯注，丰富该体验。感受这种体验正融入你的身体，这时可以把手放在胸口。在体验中，注意是什么让你感觉安心、慰藉和愉快。

如果你想，可以通过连接法将这种被关心的感觉与被忽视或虐待、自卑或羞耻的感觉联系起来。想象你柔软、充满渴望、脆弱的内心深处正在接受关怀。用关怀抚慰曾经的痛苦和伤心。告诉自己，你是值得被关心的，并让这种想法在内心扩散，就像阳光驱散阴影一样，驱逐你内心的自我怀疑。在连接的最后，和以往一样，全身心关注积极体验，如果消极体验扩大，立刻将其摒弃掉，将注意力全部放在积极体验上。

厘清过往

研究表明，儿童时期安全感缺失的孩子成年后依然可以形成安全型依恋关系。转变的关键是，能够真实、完整、"连贯"解释儿童时期发生的一切及其影响。这是一个循序渐进的过程，可能需要几个月甚至几年的时间。很长一段时间以来，我一直在反思自己的童年，有了很多新发现，对很多事也有了新的认识。

想象一下，一个公正而热心的人会如何讲述你童年的真实故事——从你出生到你离开家，一年又一年的真实经历。把你的父母和其他对你人生有影响的人看作一个个复杂、由不同部分构成的个体，各自都有自己前进的方向。试着弄清楚到底是什么让你痛苦、失落、紧张、猜疑或受伤，以及它们是如何降临到你身上的。同时，也想想你得到的爱、友谊、感情、忠诚和支持。然后再回想一下，过去这些年发生的一些事情，回忆一下你的反应，以及为什么；回顾一下自己的童年，包括青春期，都留下了哪些痕迹，看看成长中获得的优势，也要看看留下的伤痕。

带着对自己的关怀，试着实事求是地、完整地讲述自己的童年故事。在故事中，探寻普遍存在的人性，作为与他人分享故事的主线。无论故事是多么支离破碎、多么令人不安，只要你思路清晰，理解透彻，都可以从中找到安全感。要想理顺你的童年故事，可以试试下方表格中的练习。

回忆童年

根据自身需求回答下列问题。对于其中的许多问题，你可能想不起具体答案，但你的身体可能会有答案，或者你的直觉反应会做出回答。你也可以根据童年记忆或者从他人那里获得的信息，大概率猜出答案。想到痛苦或者烦恼的事情时，记得关怀自己。

出生第一年，你的生活什么样？你是早产儿吗？你有什么健康问题吗？你的父母能够及时满足你的需求吗？如果你哭了，通常会发生什么？你的父母中有谁患有抑郁症或酗酒吗？父母婚姻关系稳定吗？

从蹒跚学步到上学前这段时间，你过得怎么样？当你说"不"的时候，你父母是什么反应？如果你有兄弟姐妹，会对你产生什么影响？你和你的父母关系怎么样？这对你们家有什么影响？

上小学后，你过得怎么样？你觉得自己受欢迎吗？你都有哪些朋友？你觉得自己被接纳了吗？有人欺凌你吗？青春期你有什么感受？你很自信，还是很没有安全感？你的身体发生变化后，对你社交有什么影响？你和父母关系怎么样？你觉得他们在乎你、支持你吗？

认真回忆一下，还有什么对你影响很大？也许是父母离婚、频繁搬家、经济紧张、家人罹患重大疾病或死亡、有特殊需要的兄弟姐妹，或者穷困潦倒，或者各种偏见？你有过什么特别痛苦难忘的经历吗？例如，遭受虐待、重大伤害或至亲离世？有没有人特别保护或帮助过你，比如祖父母、老师或某个好友？

这一切对你和你的人际关系产生了哪些影响？哪些事情时至今日，依然对你有影响？

成为他人可依赖的人

作为一名父亲，于我而言，最奇妙之处在于：爱孩子不仅对孩子有好处，同时也慢慢修复了我内心的创伤和空虚。在给予孩子我曾经错失的东西时，我也获得了很多美妙感受，这真是太神奇了。

有些关系很浅，而另一些关系则很深，比如与生活伴侣的深厚关系。无论你们关系深浅，当你可靠、有同理心、体贴周到时，别人和你在一起就会感到安全。他们可能还会产生不安全的感觉，但至少和你在一起时不会。这增加了别人善待你的概率，让你有更多机会拥有并内化相关体验，满足你内心深处对安全感的需求。

人际关系可以修复，方法就是你希望别人怎么对你，你就怎么对待别人，效果很神奇。有点类似修补坏掉的东西。但可以肯定的是，无论发生什么事，你的内心都是完整的。你仍然能够对别人好，可以爱人。

不要扔飞镖

回想一下，某人错待你时，你当时的反应。你一开始可能会感到惊讶、痛苦或愤怒。但随后，你大脑里发生了什么？一般会出现一连串的想法和各种感觉。例如，可能就像我一样，晚上睡不着觉，想着当时你希望自己说的话。

组合拳

在佛教中，把最初反应和继发反应两步过程称为第一镖和第二镖。第一镖不可能避免，身心都可能受伤，包括头痛、胃痉挛、失去朋友时的悲伤、在工作会议上受到不公平攻击时的震惊等。第二镖是我们抛给自己的，有时和第一镖毫无关系，很多时候是我们在自寻烦恼，完全没有必要。举例来说，因为和他人的一点点小矛盾就寝食难安，觉得别人对不起你，进而心生怨恨——这就是我们抛给自己的第二镖，是人类痛苦的根源，特别是在人际交往中。人们往往因为这些无谓的烦恼和焦虑，做出让自己后悔莫及的事情。

在某种程度上，改变那些影响你的外部条件和人际关系，可以阻止第一镖。例如，你可以找一份轻松一些的工作，或者少接触难相处的亲戚。另外，正如我们在本书中探讨的，你可以培养强大、平和、满足和充满爱的内心，作为你的内部减震器。那么，第一镖（某些特定情况和人际关系）带给你的困扰可能会大大减少。

然而，第一镖不可避免，每个人都可能遇到，一旦中镖，它就在那里，成为既定事实，不可更改。砖头砸到脚上，很痛；有人对你大喊大叫，你感到震惊和愤怒。你感受到了你的感受。发生这样的情况，有三种方法可以激活你的大脑。首先，与这种体验共处，经受住它的考验，带着好奇心和自我关怀接受它。其次，释放紧张和各种负面情绪，远离没用的想法和欲望。最后，试着吸收所有有益的东西，用有益或者令人愉悦的东西取代消极的。

第二镖

注意，不要让第一镖触发第二镖。这是你能够对你的意识产生重大影响的地方。

首先，你需要对第一镖有全面的了解。在生活中，第一镖很常见，且不可避免，我们没必要对它做出过多反应。如果某个星期天原打算去野餐，但突降暴雨，没办法去了，这很不幸，而且令人不快，但对着雨大喊大叫就完全没有必要了。一旦承认了第一镖的真实存在，就能够阻止第二镖的发射。

尤其在一段关系中，正确看待第一镖意义重大。例如，在意别人对你的看法是自然的事情。因为他人的批评而感到不安，也很正常——这就是第一镖。控制住第一镖，到此为止，不要让它触发第二镖。如何做到这一点，对人类进化的反思给了我很大帮助。

利他行为——牺牲自身利益，为他人谋好处——在动物界是非常罕见的。很多种群都有吃白食的，他们利用其他同类的好意不劳而获，从而导致种群中慷慨个体生存率降低，这就抑制了利他行为在种群内的发展。人类的利他主义行为——帮助陌生人或跳入河中营救别人的狗——之所以能够发展，是因为社会脑的不断进化，让我们的祖先能够理解并真心在意别人对他们的看法。生活在小群体中，偶尔处于饥饿边缘，一个人的声誉就是生死攸关的问题。想象一下，在10万年前的非洲平原上，如果你昨天和某人分享了食物，但今天他拒绝和你分享，那么族群中的每个人都会知道这件事，结果就是再也不会有人和他分享食物。因此，吃白食的人再也不能心存侥幸利用他人的慷慨了。

人们往往把别人对自己的看法放在首位，这很容易让我们感到尴尬和羞愧，甚至受到伤害，但这也使利他行为成为可能。同样，社会发展到一定程度，人很容易产生孤独、嫉妒、怨恨和愤慨的情绪，这是人性使然，但也正是这样的弱点赋予了我们友谊、同情、爱和正义。

明白了这一点，就更容易理解人际交往中的第一镖的意义，而不必过于焦虑担心。第一镖的存在很正常，随之而来的痛苦是一种自然反应。当你明白这一切都是历经数百万年进化的结果，就不会感到那么紧迫和尖刻了。虽然依然会痛苦，但事出有因。夸张一点说，这是在为全人类的利益承担痛苦。

理解了第一镖，以此为基础，试着处理内心深处的第二镖。（在后面的章节中，我们会探讨如何与他人有效互动。）深呼吸，退一步，认清第二镖的本质：不必要的痛苦。观察第二镖的射出过程，看看它是如何试图劫持你的注意力的。如果你一直纠结的问题和别人有关，就把注意力放在自我关怀上。然后试着把注意力放在与这个问题相匹配的关键资源上，比如想想那些真正关心你的人。如果你不给第二镖助燃，它最终必然会油尽镖止。如果一个人冤枉了你，只要你不纠结，放下不去想，你对他的怨恨可能很快就会烟消云散。尤其要注意的是，警惕来自内心的自我批评，这才是第二镖的主要投手。

勇敢面对内在批评者

每个人内心都有两种不同的态度或"声音"：一种是滋养的，另一种是批评的；前者鼓舞人，后者打击人。这非常正常，并不是什么精神分裂。内在养育者能给你带来自我关怀和鼓励，而内在批评者让你认识到自己的错误，以及如何纠正错误。

但对大多数人来说，内在批评者大都过于严苛，会连环发射第二镖——责骂、羞辱、挑剔和攻讦自己。若内在批评者强大而有力，而内在养育者弱小无力，必然会消耗我们的情绪、自我价值和复原力。幸运的是，有很多好方法可以抑制自我批评，同时强化内在养育者，实现内心平衡。

警惕自我批评

试着观察一下，在内心深处，你是如何进行自我批评的。注意一下，哪些痛苦、需求和权力被忽视或无视了。注意那些贬低自身成就的说辞："哦，这谁都能做到……但它并不完美……那你以前搞砸的时候呢？"观察那些怀疑或阻挠你渴望和梦想的想法。看看你是不是经常给自己泼冷水。注意观察自己对自己生的那些不必要的闲气，倾听来自内心的辱骂、斥责或羞辱的语气，就像有人正对着你大发雷霆一样。认清潜意识中那种"多付出才能得到认可"的想法。找出任何过分的自我道德谴责，比如"你应该为自己感到羞愧，你这个坏人"。

察觉到自己这样的想法时，在心里给每个想法贴上标签，如"自我批评""觉得我的痛苦无关紧要""又一次猛烈抨击"。看看这些自我批评的用词、语气或态度，是否觉得很熟悉，是否让你想起了某个人，比如你的父母、哥哥姐姐或者教练？回想一下，你什么时候养成了这样自我批评的态度？很可能是在你很小的时候。

注意到这些，有助于你进一步了解自己，并看清内在批评者武断、严苛且荒谬的言辞。退后一步，重新审视观察批评，不要强化它，帮助自己摆脱自我批评的桎梏：你可能真的有错，但没必要揪着不放。在脑海里，把平静和自我批评"连接"起来，让平静旁观自我批评，可以让批评不那么激烈，也更理性。

强化内在养育者

当内在批评者开始猛烈抨击时，内在养育者就是你的避难所和盟友。当别人批评你，或遇到令你紧张、失望，甚至恶劣的事情时，内在养育者能够保护你、鼓励你，它是自信和复原力的主要来源。

从童年早期开始，我们通过内化与外部养育者（如父母、学前教师和年龄较大的孩子）共同的体验来发展内在养育者。但外部养育者素质参差不齐，或者在某些方面存在问题——比如一对很爱孩子但又对孩子极其严苛的父母——那么内在养育者就无法变得如预期那样强大。

不管你曾经历什么，现在你都可以通过 HEAL 疗法培养你的内在养育者，将他人对你的关心体验内化——由内而外培养一种自然、持久的自我关怀的感觉。另外，当你关心自己的时候，比如告诉自己，一个小错误没什么大不了的，接受这种体验，有助于强化你的内在养育者。

这听起来有点傻，但你可以想象自己有一个"关爱委员会"，里面聚集了不同的人,他们分别代表了不同的主张和智慧。在我的关爱委员会里有我的妻子和孩子、严厉但善良的攀岩指导、几个亲密的朋友,甚至还有一些虚构的人物,比如《指环王》中的甘道夫、《星际迷航》中的斯波克,以及《睡美人》中胖胖的仙女教母。那么,你的关爱委员会里都有谁呢?

当内在批评者开始出现,或者生活充满挑战时,呼唤内在养育者。了解滋养的感受,体会它滋养你身体的感觉,明白它的态度以及给你的建议。你可以从回忆关心你的人开始,然后集中注意力体会普遍的感觉,如被庇护、安慰或引导的感觉。当你感受到内心被滋养时,集中注意力,用心体会,接受它,再次强化,让它变得更强大。

回击自我批评

一旦在内心发现自我批评的言辞或语调,不要轻易相信。如果内在批评者无法自证清白,那就是无中生有。首先,明确做出选择,是接受自我批评并相信都是真的,还是持怀疑态度远离自我批评?当有人对你不友善、轻视你,或者恶意对待你,内在批评者对你往往也会变得更加刻薄。他们这样对你本身就不对,你更不应该苛待自己。

同内在批评者发起反攻,坚信一定会获胜。经常听到有人说:"你总是失败。"把这句话写下来,然后至少写三个可信的反驳理由,比如"你已经多次取得成功"。想象一下,你的关爱委员会的成员支持你,和你一起驳斥内在批评者。与支持你的人联手,远离内在批评者。对自己说一些有益的话,比如"这种批评虽然有点道理,但很多地方要么言过其实,要么虚假捏造"。"过去 ＿＿＿ 总这么说我,过去就错了,现在更不可能对了。""这对我一点儿好处也没有,不用理会。"

试着把内在批评者看作一个缺乏可信度的家伙。也可以把它想象成一个可笑的角色,就像迪士尼动画片里一个愚蠢的反派。在你脑海里,把它"放在一边",晾着它,就像会议上一个总喜欢指手画脚、令人讨厌的家伙,用不了多久,就没人愿意搭理他了。

最后,利用连接法,体会安慰和鼓励的感受,让它渗入内心被批评、自卑或羞愧的地方。感受轻松和宁静在内心慢慢扩散,取代消极情绪,最终获得内心的安宁和自信。

相信自己的良善

想想在你心目中,哪些人基本上是个好人。这里不包括圣人,仅指正直有爱心的人。然后再想想,在你认识的人中,有哪些人总体来看也是好人。回忆一下你在他们身上看到的美好品质,即使是那些你不太了解的人。

回头再看看,你会发现,大多数人都和你一样。他们也会习惯性地认为某个人总体上是个好人。当然,他们通常也会认为,你大体上是个好人。

记住,你怎么看别人的,别人也会以同样的方式看你。其他人觉得你是个好人，因为他们清楚，你没有愚弄或欺骗他们。他们知道你有缺点和不足，但这并不重要，在你生命中，对你来说很重要的人依然认为你是个好人。

你能像别人看待你那样看待自己，认为自己本质上是一个善良而又值得尊重的人吗？对很多人来说，这是很难做到的。把别人看作好人似乎很简单。理智上，你可能已经知道他人看到了你的善意热心，但你也是这么认为的吗？奇怪的是，这对我们大多数人来说都很困难。这感觉就像某种禁忌，是不被允许的。但为什么不呢？如果认识到他人身上的美好品质没有错，他们也可以发现你的善良，那为什么发现自身的美好，并坚持这么认为，就不可以呢？

每一天，若感觉到别人发现了你的正直、才华、努力和体贴时，试着将其记录下来——通常可能都是短暂而微小的瞬间，但都是真实发生的。同时，你自己也要承认自身的优点，就像你认可他人的优点一样。公正客观地看待自己，在脑海中一一列出自己的美好品质，如坚韧努力、待人友善、勇于认错、多才多艺、乐于奉献、不畏困难、富有爱心等。也许你很少或不善于表达内心的正直和爱，但你要清楚自己的优点。坚信自己的内在价值，认真体会并不断增强这种体验，内化于心，反复感受这种体验。

内心认可自己本质上是个好人，无异于拥有了一个真正的庇护所。人生起起伏伏，有成功有失败，有爱有失去，不管如何，你都能在这里找到安慰和力量。和成就、名誉、财富无关，你自身具有的优点不可否认。

 **本章要点**

- 进化中，人类互相依赖。当别人提供可靠的帮助和关心时，尤其是在我们小时候，会让我们产生安全感，内心也会变得稳定。但如果别人经常疏远或冷落我们，我们就会感到不安，缺少心理韧性。
- 不管你曾经历什么，你都可以让你的内心变得更加强大。要做到这一点，首先就要寻找机会体验被关心的感觉，并把这些感觉融入内心；理顺童年经历；培养同情心，关心他人。
- 遇到困难时，最初的痛苦和不安过后，我们经常会增加很多不必要的反应，即第二镖。第二镖才是我们痛苦的根源，尤其在人际关系中。留心观察，远离第二镖，不要触发也不要火上浇油。
- 第二镖的主要投手是内在批评者。它想提供帮助，但出口的却是严苛的批评和羞辱。这不仅会侵蚀你的自我价值，还不利于你走出沮丧和失败。强化内在养育者，反击内在批评者。
- 你习惯性地认为别人本质上都是好人。他们也是这么认为你的。相信自己本质上也是个好人。不管外界发生什么，也不管你有哪些经历，认识并承认自己的优点，相信自己的内在价值，才能让你永远自信。

第三部分

自我调整

第 7 章

平静者生

你是天空，其他一切都只是天气。

——佩玛·丘卓

我曾和福里斯特在北加州的克拉马斯河漂流。导游带我们从陡峭的山崖间顺流而下，水花四溅，我们都浑身湿透了，真是太有趣了，但这同时也给我们狠狠上了一课。当时我们漂流的地段水流湍急，非常危险，对我们的安全是个挑战。时至今日，我依然记得导游在处理周围的险情时脸上的表情：谨慎而又自信，警觉且放松。他非常冷静——这是一种强大的心理资源，让我们在面临痛苦和危险时，始终处于绿区。

每个人都经历过身体或情感上的痛苦，有些人时时刻刻都饱受痛苦折磨。除了切实的疼痛，痛苦的威胁无处不在，比如迎面疾驰而来的卡车，或者伴侣脸上愤怒的表情。甚至寻找机会也可能带来痛苦。例如，我最痛苦的一次体验就是，在追求我的第一任女友时，在不确定她心意的时候对她表白。（还好她也是爱我的。）

在面对痛苦或风险时，你可能和漂流向导一样沉着冷静，但通常会触发"战斗—逃跑—冻结"的应激反应，相对应的情绪反应包括：

- 恐惧：不安、紧张、担心、焦虑、慌乱、恐慌
- 愤怒：恼怒、烦恼、烦躁、愤慨、暴怒
- 无助：不知所措、无能为力、挫败、悲观、麻木

偶尔感到恐惧、愤怒或无助是很正常的。但如果这些反应是侵入性或慢性的，或以其他方式影响你的健康、人际关系或工作时，就会产生问题。安全感需求如此重要，因此我们要调节自己，冷静地面对痛苦和威胁，这一点很重要。为了帮助你做到这一点，接下来，我们将探讨如何放松和集中注意力，准确发现威胁，获得更多安全感，以及如何平息愤怒。（关于无助感的内容，可以回顾第 4 章"能动性"部分。）

放松，集中精力

就像英国哲学家艾伦·沃茨所说的，生活总是"摇摆不定"。在我们的身体和意识内，一切都在不断变化，有好有坏。此外，

我们生存的世界日益动荡，越来越复杂，充满了各种不确定性因素。每天，各种事情如海浪一样不断冲击着我们的大脑。

放慢脚步

面对纷繁复杂的内外环境，要想乘风破浪的同时保持内心的平衡，需要发挥自主神经系统的作用，即通过副交感神经和交感神经管理你的身体和意识。它们就像汽车的刹车和油门。在交感神经进化前，负责休息-消化的副交感神经就已经形成。当副交感神经兴奋时，心率减慢，身体进入补给和自我修复状态。副交感神经过于活跃会产生强烈的冻结反应，比如呈现出吓得说不出话的状态，等同于动物的装死行为。但正常的副交感神经活动让人感觉良好，有一种放松、专注的幸福感。

另一方面，交感神经系统兴奋时，心跳加速，血液中肾上腺素和皮质醇浓度增加，身体进入紧张活动状态。随着身体的激活，思维变得更敏锐，想法和感受也变得越发强烈。下一章你将会看到，在交感神经兴奋时，产生的积极情绪（如快乐、爱和自信等）是激情和复原力的最佳来源。但当交感神经活动与愤怒或恐惧等负面情绪结合在一起时，就会触发"战逃反应"，让人感到紧张不安，增加身心负担，从而使人际关系变得紧张。副交感神经活动让身体和精神得到充足的休息，而交感神经活动则让我们保持对事物的兴趣。

不幸的是，现代快节奏生活方式让人们的交感神经系统长时间超负荷运转，而副交感神经系统也很难得到持续的恢复。当然交感神经过度兴奋也可能有个人原因，比如驱动型人格或者因为过去的创伤变得容易紧张。我们中的许多人都经历着轻度到中度的慢性压力，大部分时间都生活在"粉区"内。

要想解决这种状态，最好的办法就是放慢脚步，不要那么拼命，但工作和家庭的现实往往让这变得很难实现。如果你不得不保持高速运转的生活，那么让副交感神经保持活跃状态，对你会很有帮助。要做到这一点，最好的方法之一就是经常练习放松。

让自己平静下来

副交感神经和交感神经就像跷跷板的两端：一端上升，另一端就会下降。当你放松时，副交感神经活动增加，交感神经活动下降，与之相关的应激激素也随之减少。利用 HEAL 疗法反复内化这种放松体验，生活中，你就不容易变得紧张、焦虑或易怒。以后，即使你会感到不安和焦虑，也只是在一开始，随后很快就能找回内心的平静和专注。

闲暇时放松自己很容易，比如在林中散步时。但不是只有这个时候，我们可以感受或者需要放松。篮球比赛加时赛时，准备罚球的球员必须放松自己，唤醒肌肉记忆。在某些更极端的情况下，正如亚当·萨维奇所说："平静的人易活，紧张的人死得快。"

16 岁那年，我对此有了切身体会，当时我在太平洋潜水时差点淹死。在深吸一口气，打算穿过一片海藻游出水面时，我被海藻缠住了。我惊慌失措，使劲挣扎，但海藻却越缠越紧。我快没氧气了，觉得自己快死了。这时，我脑海里突然响起一个声音："冷静！"我至今记忆犹新。我放松下来。慌乱中，通气管从嘴里掉了下来，面罩也滑落挂在脖子上，一个脚蹼也不知所踪。在水下，留给我的时间不多了，但我依然一点点解开缠绕的海藻，试图让自己从那片橘棕色海藻群中逃脱出来。最后，我终于摆脱了海藻，浮出了水面，看着银光闪闪的水面，狠狠吸了一口新鲜的空气。在那次经历中，有很多事情我至今想不清楚，包括那句"冷静！"但有一点我很清楚，那就是遇事要冷静！

要想让自己变得更冷静，并在压力后尽快恢复，每周多做几次深度放松，每次保持几分钟，或更长时间。在日常生活中，每天尽量找些时间放松自己，片刻就好，尤其是当你的个人压力指针指向黄色、橙色或红色的时候。在我们快节奏的社会中，不仅要有意识地放松自己，还要将其当作首要任务来执行。很多方法都可以让人平静和安定下来，时间长短不一。下面介绍几种放松方法，你可以利用 HEAL 疗法内化这些体验。

延长呼气时间

副交感神经系统凭借控制呼气，降低心率；而交感神经系统依靠控制吸气，加快心率。延长呼气时间，就会自然而然地激活副交感神经。多次深呼吸，在心中默默数数，让呼气时间长于吸气时间。例如，吸气时从1数到3，呼气时从1数到6。

渐进式放松

选择一个关键的身体部位，比如你的下巴肌肉或胸腔下面的横膈膜，有意识地放松这个部位。你可以想象吸入的空气进入这个部位，或者光或能量从中流过，带走紧张。如果你愿意，可以尝试渐进式放松，从脚开始，一直到头部，系统地释放身体各主要部位的紧张感。你也可以反过来，从头开始。

监测心率

现在，有很多种方法可以监测心率和呼吸，既可以利用穿戴设备，也可以运用其他仪器，比如通过夹手指或耳垂的方法获得数据。利用身体的实时反馈数据，你会找到内心的平静，时间长了，就会发现自己越来越冷静。有些设备还可以监测心率变异性，即逐次心跳周期差异的变化情况，它可以反映你呼气并激活副交感神经时，心率减慢的程度。心率变异性的增加标志着副交感神经活动增强，这有助于改善情绪，增强疫系统功能和抗压能力。

运动

让我们放松且充满活力的方式有很多，如瑜伽、太极、气功、步行、冥想、跳舞、唱歌或其他任何形式的运动。你也可以选择一项家务活，比如耙树叶或叠衣服，每次做的时候，放松，保持内心的平静。

专注于想象

我们的压力很大程度上是由内部语言过程驱动的，它们担忧未来，埋怨过去，不满现在。对大多数惯用右手的人来说，语言一般由左脑控制，而右脑负责想象和各种整合过程（惯用左手的人则正好相反）。左右脑互相抑制，一方变得活跃，另一方就会安静下来。因此，专注于想象会减少语言行为，帮助你放松。

探索想象的方法有很多。可以回忆自己曾去过的一个美丽的地方，在脑海中重温一遍当时的旅程。想象自己身处一个轻松的环境，比如坐在湖边或漫步在乡间小路上。回想一个让你感觉温暖的地方，比如你祖父母的家，并尽可能多地回忆有关它的每个细节。你也可以想象蓬松松软的白色云朵，把自己想象成一只小鸟，在云间肆意飞翔。

认清"纸老虎偏执症"

恐惧有时很明显，比如感到紧张或恐慌。但多数时候，恐惧隐藏在暗处，偷偷发挥作用。例如，一个人躲在一个小舒适区内，迟迟不愿面对挑战，心情压抑，不敢大声说出自己的观点，不想引人注意。这种种表现，其实就是恐惧。

恐惧之所以如此强大，是因为它是人类生存的根本。帮助我们祖先逃脱致命威胁幸存下来的神经激素体系，依然影响我们今天的处世方法，虽然我们现在应对的都是一些看似微不足道的小事。

两种错误

随着神经系统的进化，动物可能会犯两种错误，下面只是比喻：

- 在丛林中没有老虎的时候，认为老虎存在。
- 老虎都要扑过来了，却坚信没有老虎。

在自然界，犯第一种错误的代价是什么？不必要的焦虑，虽然让人不舒服，但并不致命。那第二种错误的代价呢？极大可能是死亡。因此，我们的祖先往往一遍又一遍地犯第一种错误，以避免犯第二种错误，一次也不想。事实上，我们对纸老虎已经形成了适应性偏执。

因此，大多数人高估了威胁，而低估了自己应对威胁的能力。由于这些偏见总是暗中操作，通常很难被发现，这使得它们变得非常强大。读书时，我性格腼腆，又有点呆，长大后，我理所当然地认为，如果我在一群人中脱颖而出，就会发生不好的事情。我花了很长时间才认识到这是错的，并意识到大多数人都很友好，而且也不冷漠。

偏见一旦产生，我们就会把注意力集中在证实偏见的信息和经验上，并将其内化，而对任何与之矛盾的事实，完全视而不见。在我消除对周围人的偏见之前，大家对我无数次的热情接纳在我这里都"不算数"，而少数几次冷落却被我铭记在心，似乎再次证明了我的恐惧一直是有道理的。

不必要的焦虑

认识到真正的威胁，并发展心理资源应对威胁，显然很重要。但很多时候，人们要不焦虑过度，要不根本没必要焦虑。我们总是带着恐惧的眼镜来看待自己、周围的世界和未来。即使你理智上知道，绝对没有什么好害怕的，你还是会时不时地感到焦虑，总觉得随时都有可能出错。焦虑是一种危险的信号，但大多数时候它只是一种噪音，就像汽车的报警器卡住了，刺耳地响个不停，让人心烦，但毫无意义。

那么不必要的焦虑会带来什么后果？焦虑让人心情糟糕，感觉紧张和疲惫。总是听到假警报，很容易忽略真正的威胁，尤其是那些随着时间慢慢增长的威胁，比如婚姻中慢慢变淡的感情。感到焦虑时，我们往往会反应过度，对他人构成威胁，而他人也会反应过度，从而证实我们的恐惧。不必要的恐惧让我们将心力放在了被错误夸大的威胁上，而错过了很多机会。焦虑会提高我们的防御性，降低分析能力和行动能力。在人际关系中，恐惧使人们更加依附于"我们"，对"他们"却更加怀疑且充满敌意。这一切都会降低一个人的复原力。

增加安全感

当威胁看起来比资源强大时,恐惧就会出现。有时情况确实如此,比如收到一份额外的账单,而你没有钱支付。但由于纸老虎偏执症,威胁往往会被夸大,而资源通常也会被过分低估。

即使你意识到了,在你的生活中,恐惧扮演着一个不合理的角色,但你仍然很难摆脱它。实际上,很多人害怕自己"无所畏惧",因为无惧会让他们降低防御。降低防御后,他们又担心遭受莫名伤害。

要想增加安全感,我们需要减少实际威胁,增加真实资源。同时,我们需要停止夸大威胁,并开始认识我们拥有的资源。那样,我们就可以真的无所畏惧了。

假设你正在尽你所能减少生活中的实际威胁,同时也正在开发应对威胁的真实资源。但你也要确保自己清楚地看到了威胁,认清了自己的资源,并尽可能地感到安全。

看清威胁

找一件让你担心的事情,比如生病、缺钱或者与他人发生矛盾,也可以是你为了降低风险极力回避的事情,比如拒绝公开演讲,或者在一段交往中不期望得到回报。然后回答下列问题。你可以通过自我反思、写日记或者和他人沟通,完成整个过程。这些问题可以帮你处理很多其他让你担心的事情。

明确问题

明确问题的大小,越具体越好。最好给问题一个明确的边界,不要模糊不清,不然很难应对。例如,不要说"我身体不好",说"我有高血压"更利于问题解决。同时也要明确问题的具体时间和空间。问题影响到了你生活的哪部分?哪部分未受影响?它是什么时候出现的?什么时候不重要?

可能性多大?

也许你长期受疾病困扰,如某种慢性病。但多数时候,我们焦虑的是可能发生的坏事,比如担心的是疼痛可能带来的风险,而非疼痛本身。例如,一个人可能会想,"我可能会生病"或"如果我生气,别人就不会理我了"。如果你担心的只是一种可能性,不是事实,问问自己:"实际上,这种可能性有多大?"过去,你可能有过烦恼成真的经历,但那可能是因为当时和你一起生活或认识的人。但现在,很多事情都变了,坏事也许就不会发生了。

究竟有多糟糕?

如果威胁真的发生,你会遭遇什么?举例来说,你觉得自己太软弱或太倔强,你担心别人因此而排斥你。假设你担心的事真的发生了,你真实感受是什么?从 0~10,10 分代表你能想到的最糟糕的情况，你给自己打几分？难受了多久？过去发生类似的事情可能会让你觉得很可怕，尤其是在神经系统未发育成熟的儿童时期，那时对事情的感觉更敏锐。但现在，作为一个成年人，你内心拥有的减震器更多了，即使威胁成真，你有很大可能不会像你担心的那么难受了。

迎接好消息

遇到好事，铭记在心，它们都是真实存在的，让自己确信这一点。利用 HEAL 疗法，敞开心扉，接受好消息，感受它带来的慰藉和安心。全身心感受这些体验，缓解过度且不必要的惊慌、紧张和焦虑，最终取而代之。

认识你的资源

接下来问问自己，你所担心的事情有多可怕？有多大可能发生？会产生多大影响？你该如何应对？例如，假设你发现你的车爆胎了。这当然很麻烦。但如果你知道怎么换轮胎，或者你能叫拖车，这就不是什么大问题。

内在资源

想想你过去利用自己的内在力量，如勇气、自信和关怀之心，处理问题的时候。然后花点时间考虑一下，如何再次利用这些内在力量来应对当前的挑战。同时，也要考虑一下自己的天赋和技能。你要怎么解决这个问题？你有什么计划可以预防、处理或修复这个问题？想想你内心的其他资源，比如正念和善良，以及它们会对你有哪些帮助。

身体资源

到目前为止，你的身体是如何为你服务的？它能再为你做些什么？看看你是否能激发它的自然活力。感受一下它的优势：精力充沛、能力强大。想象一下，你的身体有哪些方法可以帮你应对当前挑战。

外部资源

你周围有很多资源，比如朋友、家人和熟人。他们能给予你哪些帮助？回忆一下他们提供的具体帮助或情感上的支持。如果你有宠物，思考一下它给你的帮助。每当我烦恼时，我家猫趴在我腿上，我的烦恼就会减轻。如果需要的话，还可以从医生、律师或会计那里得到专业帮助，不是吗？想想自己拥有的一切，考虑如何利用它们应对挑战。

用心体会

仔细思考上述资源，深切感受它们带给你的满足、安心和轻松。使用 HEAL 疗法来丰富和吸收这些感觉。如果你愿意，可以使用连接法，让这些积极的体验抚慰并取代任何形式的焦虑感。

尽你所能寻找安全感

记得第一次攀岩后，晚上睡觉时，我做了一个十分奇特的梦。睡梦中，我清晰地感觉到，我从悬崖顶上跌落，一头扎向灰色的花岗岩。就在即将撞上的瞬间，我猛地惊醒了。几分钟后，我迷迷糊糊睡着了，又梦到了从悬崖跌落，然后在差点儿撞到前醒来。一连好几次都是如此，最后我不再挣扎。再次要睡着时，我想象自己正从悬崖上滚下来，摔在悬崖底部的一块石板上。在撞击的瞬间，我内心的一盏灯也随之熄灭。我突然意识到，我花了一整天的时间消除对摔倒的恐惧，现在它们又沸腾起来了。我意识到自己有一个甜蜜点，在这个点上，我会感觉焦虑，但这种焦虑适当，让我能够欣然应对挑战，即使在离地几百米的高空。

重要的是，不要压抑恐惧或忽视它试图传递给你的信息。合理的担忧是你的朋友，能够帮你远离潜在的危险。但若被恐惧吞噬，受恐惧支配，或因恐惧而妥协，只会让你更没有安全感。如果说有什么的话，过度恐惧也只会导致胡思乱想、身心损耗、安全感缺失。适度恐惧有益，但不能让恐惧深入骨髓，把你推到危险的红区。佛教有句话说得好："痛苦虽在，但不入我心。"利用恐惧，而不要让它利用你。

正如我们前面所述，没必要过于恐惧。大多数时候，我们想象的威胁并不一定会出现，即使出现了后果也不一定多严重，我们也比自己认为的更有能力应对。就像我们总觉得，全球性威胁正处于橙色一级警报区，但实际上似乎只是处于黄绿风险区——一桶绿漆中落入一滴黄色油漆。如果你即将从悬崖上摔下来，或者遇到类似风险，害怕很正常。在日常生活中，我们要尽可能找机会反复体会安全感。要想深化安全感体验，可以做一做下方的练习。

提升当下的安全感

深呼吸，放松身体。注意任何紧张、不安或担心的感觉。退一步认真观察它。顺其自然，任它来去。

不管感受到何种形式的恐惧，都不要在意。集中注意力，关注那些保护你的东西，感受脚下地板的坚固、臀下椅子的稳定，以及头上屋顶的遮蔽作用。注意自己衣服、鞋子以及其他保护你的东西。注意周围给你提供保护的东西，比如停车标志和医院。敞开心扉，用心体会被保护的感觉。

认识到生活中有很多资源可以帮助你获得安全感，比如祝福你、陪伴你或支持你的人。内在资源，如耐力和决心，也可以给你安全感。要相信自己有很多可以利用的资源。挑战总会出现，但你有很多方法应对挑战。安全感提升时，敞开心扉，用心感受。远离不必要的烦恼，释放压力，让安全感沉入你的内心，在你体内慢慢流淌。

现在，是不是没那么忧心了？过去已然过去，未来不可知，

> 但此时此刻，你很好，很安全，而且拥有丰富资源。
>
> 你偶尔可能依然会感觉痛苦、伤心或沮丧，但当下没有致命威胁，也没有老虎要扑过来。当下的每一刻、每一个呼吸间，你都是安全的。你的心脏依然在跳动，你还活着，一切都很好。不要管大脑中来来去去的想法，保持轻松，关注当下。又一刻过去了，你依然在呼吸，一切安好。这一刻你是安全的。每一刻的当下，你都是安全的。

平息愤怒

愤怒是对痛苦、挫折、攻击和不公正的一种自然反应。我的父母独断专行，还爱发脾气，在这样的家庭中长大，我花了很长一段时间才明白，体验和表达愤怒是接受和维护自己的重要方式。纵观历史，各个不同类型的人——儿童、妇女、宗教和种族群体——都有过正当的愤怒被无视、被曲解甚至被攻击的经历。如果别人试图消除你的愤怒，在自己脑海中为愤怒留有一席之地非常重要。

愤怒可以调动能量，让争议问题暴露在阳光下。然而，愤怒也伴随着紧张、压力，并对人际关系造成威胁。频繁或长期愤怒会让人疲惫，就像热酸一样，腐蚀人的身体和精神健康。在常见的情绪表达中，愤怒引起的反应最为激烈，就像提示危险的红灯。当他人对我们发怒时，我们也会愤怒以对，由此形成恶性循环，导致人际关系恶化。

平息愤怒并不意味着纵容不公或成为替罪羊。你依然可以强大而坚韧，想想那些你或其他人坚定、热情或自信，而没被愤怒冲昏头脑的时刻。愤怒有其积极的一面，但要注意表达方式。这意味着控制和表达愤怒要有技巧，同时也要解决潜在的问题。

关注愤怒的发生过程

愤怒常常隐藏在你的内心深处，认识到它的存在，可以帮助你控制它，而不是被它所左右。试着了解愤怒的不同程度和强度，从不悦到暴怒。不管体验到哪种愤怒，从不同角度探索自己的体验，包括它带来的感觉、情感、想法和欲望。愤怒包含不同层次，是面对威胁的一种主要反映。它展现出来的脆弱、激烈、好斗特性其实都和未被满足的需求有关，尤其是安全需求得不到满足时，人就会变得软弱、焦虑、易受伤害。愤怒如同一个信使，告诉内心遭受的重大挫折、未被满足的渴望以及情感上的痛苦。试着接受愤怒体验，关怀自己。当你对愤怒敞开心扉，并与之共处，愤怒自然而然就会消散。

小心愤怒带来的"回报"。消极情绪主要有四种，即悲伤、焦虑、羞愧和愤怒。其中，愤怒是最具诱惑力的。很多人不喜欢感受那种忧郁、焦虑和自卑的感觉。但是，伴随着愤怒而来的是义愤和活力，这往往让人兴奋、思路清晰，甚至心情愉悦。愤怒也是隐藏伤害和脆弱、维护支配地位、驱除恐惧的有效方式，也是弱者最强有力的控诉。在人际交往中，争论或争吵可以让他人与你保持舒适的距离。有人把愤怒形容为抹了蜜的毒刺。沉迷于愤怒带来的回报时，也无数次撕开自己的伤口。品尝了蜂蜜，毒汁也随之渗入体内，引起紧张和烦躁，为未来的反应过度留下隐患。

关注愤怒的发生过程，一般分为两步：启动和触发。在第一阶段，小事积少成多。有些具有普遍性，如压力、疲劳和饥饿。有些则非常具体，如感觉被误解、感到失望或被打扰时，这些会逐渐让你对某个特定的人变得敏感。这就像有人用指甲划你手背一样：前十几次你可能没什么感觉，但到第一百次时，你会下意识把手缩回去。看似微不足道的小事，却如柴火一样，一根根，一件件，最终一定会堆积成堆。

然后，在第二阶段，一个火星掉落，瞬间起火，火势之大，完全不合理。例如，孩子小时候把鞋和玩具扔得满地都是，如果我心情好，我一般都视而不见；但如果我一天都不顺，精疲力竭地回到家中（启动），脚不小心碰到玩具消防车（触发），"嘭！"在生气的那一刻，会觉得自己所做的一切都是合理的："没错，我疯了！"但通常情况下，大多数愤怒都是由启动条件引发的，与触发事件本身并不成比例。

巧妙处理内心的愤怒

在第 10 章"勇敢无畏"中，我们将探讨如何有效地维护自己。在这里，我想重点谈谈如何处理自己内心的愤怒。然后，当你与他人沟通时，可能就不那么容易发怒了。

第 7 章 平静者生

认清愤怒带来的伤害

有句谚语说得好:"对别人生气就像徒手扔滚烫的煤块,伤人伤己。"你可能觉得愤怒都是事出有因,而且也有好处,但除了对他人造成伤害,你自己也不能幸免。

认真思考一下,最近或过去几年,你因为愤怒而付出的代价。想想它带给你的感觉。想想它对你的睡眠、身体和健康的影响,以及它对你的家庭或工作关系造成的影响。即使愤怒被藏在心里,也会吞噬一个人。你可能听人说过,怨恨就像自己服毒,却等待别人为此而丧命。

反思过后,想想你打算如何处理你的愤怒,如何解决导致愤怒的潜在因素,比如身体上的疼痛或被别人错待。思考一下,如何表达你的愤怒。做好决定后,给自己信心,相信自己可以做到。

减少愤怒的启动因素

一天中,及早发现、及早干预导致发怒的苗头。例如,在辅导孩子做作业前,先休息一下,排除白天工作的干扰,或者如果你背部受伤,提醒自己说话小心,以免引发疼痛。清楚自己是否对某个人、某个场景或话题过于敏感。如果有的话,对自己说出来,这样它对你的影响就会降低,比如"我对再次拜访岳父母感到不安""在这个会议上,总有人打断我,真是受够了!"或者

"我很郁闷,没有人帮忙洗碗"。

若真出了错,试着就事论事,不要反应过度,不要把启动事件都算进来。问问自己,如果触发因素——某个情境、事件、用词或语气——第一次发生,你会如何反应?正确看待触发因素。如果按照糟糕程度,从低到高 0～10 进行评分,触发因素有几分?它的影响会持续多久?几天后,你还会记得吗?这并不是说触发因素不重要,而是希望你认清它。这个方法帮了我多次,让我意识到,发生的事情实际上是 2 分,但我的愤怒却飙升至 7 分。当我意识到这一点时,就知道自己可能会反应过度,于是就会尽量让自己说话的语气和用词接近 2 分。解决了触发因素后,就可以解决那些启动愤怒的因素了。

如实描述问题

拥有自己的价值观和行为标准很重要,但如果你觉得它们代表了正义,因此变得教条武断且充满优越感,这只会加剧你的愤怒,引发他人的过度反应,损害你的信誉。我们自以为是地站在道德制高点,对他人表达愤怒的行为,就如滔天洪水中的小船,随时可能覆没。

触及问题实质时,不要总觉得自己无所不知或"我比你强"。例如,让室友洗碗是一回事,但如果他们不洗碗,就认为他们懒惰、自私则是另一回事。要清楚正义感上头是怎样一种体验,也许眉头紧皱,指控想法增多,出现这种情况时,一定要警惕。因为正义让人感觉良好，所以总有人打着正义的幌子。想想若别人用正义绑架你，你心里会多么讨厌，以此劝告自己不要做同样的事情。放下愤怒的毒刺，不要被尖端那一点点看似美味的甜蜜诱惑。

如实全面描述问题，包括它对你的影响，以及你希望做出的改变，而不是打着正义旗号独断专行。这才是公正的处事方法，牢牢记在心里，在合适的时候，和他人分享。

不要吹毛求疵

我的父母都是很挑剔的人。受自身成长经历影响，他们总是担心事情出错，因此总是不厌其烦地指出别人的错误。他们的出发点是好的，只是想帮忙。但当我受到批评时，我还是很生气，充满防御性，而且我也养成了挑别人错的毛病，尤其是那些让我生气的人。虽然这是可以理解的，但在与他人的交往中，给我造成了很多不必要的紧张和冲突。

选择一段重要的关系，看看自己是不是满脑子都在想着怎么找错，怎么反对，怎么挑刺。如果是，问问自己："这真的那么重要吗？"大多数困扰人们的事情并没有给他们自己或他们在意的人带来直接伤害。下面这个禅宗小故事，恰恰说明了这一点。一个老和尚和一个小和尚都发誓一辈子独身（禅宗允许结婚生子）。二人旅行途中，行至一条泥泞河边，遇到了一位美丽的女子。老和尚提出背女子过河，女子欣然接受，老和尚就把女子背过了河，然后女子离开了。两个和尚也继续赶路。但在接下来的一个小时里，小和尚一直在想：他怎么能把她温暖柔软的身体抱在怀里，感受她在他颈旁甜美的呼吸？他怎么能嗅闻她美丽的长发？这真是太可怕了。当他向老和尚说出了他的困扰后，老和尚听了，微笑着说："过了河，我就放下她了，但你还一直背着。"如果你对他人的错误或缺点一直耿耿于怀，想象一下，放下它们，感觉会多好。

暂时离开，慢慢来

在你的大脑中，信息沿着多条主要路径流动，就像河流沿着分支和交错的河道流动一样。丘脑是最重要的感觉传导接替站，感觉信息传入后经丘脑然后分流。其中一个分支与杏仁核相连，杏仁核是大脑古老的警报器（兼具其他功能）。另一个分支通向最晚进化的前额叶皮质，主要负责人类复杂思维、缜密计划和全面细致理解他人。

杏仁核位于丘脑旁边，比前额叶皮质反应迅速，它"先行后思"的特性促使我们迅速采取行动。在1秒、2秒，甚至3秒后，前额叶皮质才开始进行解释分析，但受到杏仁核干扰，很容易产生偏差。这就是"杏仁核劫持"行动：对原始生存状态意义重大，但也是许多不必要的焦虑、过激反应和与他人激烈冲突的来源。从我们的夫妻关系，以及来找我咨询的夫妻中，我看到过太多因此导致的失控：A 埋怨 B，B 反驳 A，然后两人话赶话，完全不假思索，越吵越厉害，都反应过度，形成恶性循环。

如果你慢下来，事情就会好很多。给自己和他人一点时间：深呼吸，弄清楚对方真正想表达的意思，平息体内的"战逃反应"，不要冲动，认清并克制那些将来会让自己后悔的言行。开口之前停几秒，缓和一下，不仅会让对方觉得你没有那么咄咄逼人，他们的情绪反应也会减弱。同时，这几秒时间也让对方有时间自我反思，不那么轻易被杏仁核"劫持"。

如果有必要，可以先离开，冷静一下。可以看看窗外，吃点东西，或者去散散步。这样做并不是逃避问题，而是让自己冷静下来，后续才能够有效解决问题。可以一个小时或一天后，再来谈这个问题。

尽量不要带着怒气说话或做事

这并不是说不能生气。愤怒是一种自然的情绪反应，表明你的需求没有得到满足。压抑怒气不仅不会解决问题，反而会带来更多问题。但这不意味着你永远无法从愤怒中走出来。很多时候，人们需要愤怒来为自己的或他人的生命战斗。

记住这一点，我们来做一个小实验，承诺一天说话做事都不生气。我试过这样做，效果很好，这不仅帮助我慢下来，有机会审视愤怒背后的痛苦和焦虑，还让我在与人沟通时，变得更真诚、宽容、不那么咄咄逼人。你依然可以觉得愤怒，承认对他人的不满，问题也依然要解决。同时，把愤怒和脑海中的其他事隔离开，不要让愤怒控制你的言行。

每个人都有可能遭受痛苦或来自痛苦的威胁，这挑战了我们对安全的需求。恐惧和愤怒的波涛时不时就会在脑海中翻涌。有了平静的力量，你就能驾驭这些波涛，就像在湍急河流上乘风破浪的漂流向导一样。

 **本章要点**

- 自主神经系统两个分支协同工作，实现我们的身心平衡。负责休息和消化的副交感神经分支让我们安定下来，而负责"战斗或逃跑"的交感神经分支让我们更加兴奋。
- 现代生活的快节奏让交感神经长期处于兴奋状态，给我们的身体、精神和人际关系带来巨大压力。所以要经常寻找机会进行放松或冥想，发挥副交感神经的作用。
- 为了不错过任何一个真实威胁，我们往往对想象中或夸大的威胁做出反应。这是纸老虎偏执症，会造成不必要的焦虑，让人更难看到真实威胁并及时应对。
- 弄清楚自己为何高估威胁，低估资源。相信自己本质上是个好人。尽可能给自己安全感。

- 愤怒会损耗我们的身心健康，并引发冲突。控制怒气，可以让你变得更强大、更自信。
- 愤怒有两个阶段：启动和触发。尽可能减少启动因素；对触发因素反应适中，不过激。不要自以为正义，不要总挑剔他人，让自己慢下来，拒绝被杏仁核"劫持"。

第 8 章

明确动机

关于幸福,智慧之人懂得舍小就大。

——佛陀

复原力不仅仅包括管理压力和痛苦,从创伤和不幸中恢复。复原力强的人即使面对挑战也会坚持寻找机会。对他们有益的事,即使从没做过,也勇于开始;而对有害的事,他们会果断放弃。而且他们一旦采取行动,就会坚持到底,日复一日,从不觉得是负担。

增强复原力,我们需要调整大脑中的激励机制。所以,本章我们将一起探索如何在享受快乐的同时不沉迷于快乐,利用健康的激情,积极努力前进。从广义上讲,这一章探究的是人类欲望——人类内在的固有特征。无人可以终结欲望。希望众生不受苦是一种欲望,甚至超越欲望的欲望本身也是一种欲望。唯一的问题是,我们能否管理好自己的欲望?

分清"喜欢"和"想要"

想象一下,你在朋友家吃晚餐,已经吃了一顿美味的大餐,外加两道甜点。这时他们拿出另一道甜点请你品尝,然后问:"你喜欢吗?"你自然会说:"当然,很美味。"然后他们问:"你想来点儿吗?"这时你回答:"不,谢谢,我吃饱了!"你很喜欢,但你不想要。

再想象一下,一个人站在老虎机旁,不停地投入硬币,一遍又一遍拉动拉杆。我在赌场里见过很多这样的人,他们通常看起来又累又烦,即使偶尔中奖了,也不怎么高兴。他们深陷赌博旋涡无法自拔,虽然不停地投币,但感受不到任何乐趣。他们想要赢,但不喜欢。

换句话说,"喜欢"和"想要"是两种截然不同的体验。在神经学上,它们也是不同的。具体来说,在大脑皮质下的基底神经节深处,有一个区域被称为伏隔核,其内有一个节点帮助调节喜欢的感觉,还有一个单独的节点,负责调节想要的感觉。

"喜欢"和"想要"之间的临界点

从狭义的角度讲,"想要"是一种执意、不由自主和渴望的状态,而这种状态主要是由内心潜在的欠缺感和不安全感导致的。英语中"想要"(want)一词本义就是"缺乏"的意思。喜欢令人愉快的东西是很自然的,比如和朋友共享的甜点。但当我们从喜欢变成想要，从分享一顿美食到硬要吃下最后一块派时，问题就出现了。

从喜欢到想要的转变标志着从绿区转向红区，已达临界点，意味着潜在的满足感和平衡感正在被打破，取而代之的是缺乏、不对劲的感觉。及时意识到这种转变非常有必要，因为你可以让自己回到单纯喜欢的状态，寻找机会，享受快乐，而不必为了想要而承担过多压力。

俗话说，不带占有欲的喜欢是天堂，而不喜欢却占有则如地狱。当你喜欢某样东西而不想着占有时，你就能够获得充分享受。在这种体验中，你不会有压力，不用强求，也不会有患得患失的感觉。在这一刻，你什么都不缺，因此不想要。这种美好体验不仅可以持续很长时间，而且也很有意义。这无形中应用了HEAL疗法中的丰富和吸收步骤，有助于你在脑海中深入植入这种美好体验。单纯喜欢时，我们从中学到的更多，收获也更多。

美国作家亨利·戴维·梭罗写道："一个人想要的越少，就越富有。"降低欲望，专注于喜欢，有很多好处，但同时也极具挑战。消费主义被视为现代经济的驱动力，似乎我们这一代最伟大的头脑都在忙着设计更有效的方法来刺激需求。另外，即使我们关掉电视，远离社交媒体，不再去商场，但我们的大脑似乎天生就想把喜欢的东西据为己有。

想要更多

人的内在心理倾向，即人性，是数亿年间大脑自我塑造的结果。为了争夺稀缺资源，我们祖先的大脑内进化出了一整套激励系统，以促使他们强烈追求食物或性等目标。这无疑对生存是有好处的，但到了现在，其带来的一个结果是，大脑里如同住了一个广告商，他经常向你吹嘘宣传，如果你得到你想要的，那可就太棒了。

当你权衡不同的选择，期待一个事件，或者思考一个特定的目标时，留意你大脑预测的预期回报。然后注意真实回报是什么。多数时候，实际回报都会低于我们的预期。而且，即使回报达到了预期，它最终也会结束。这顿饭很美味，新毛衣很好看，完成工作任务很高兴，但这样的体验总有结束的时候。那现在该怎么办呢？

预期回报往往令人失望。即使最美好的体验也不会永久存在。这都是事实，但同时也让我们有一种根深蒂固的感觉：总是认为少了些什么，想要更多。因此，我们总是迫不及待地去寻找下一个远大目标，期待下一段体验。

即使你感觉安心，没有问题需要解决，也不缺什么东西时，注意观察，看看自己内心深处，是不是也会不自觉产生想要的感觉：虽然很满足，但依然在不断地寻找新的东西。这正是大脑进化的结果，这样我们的祖先才能积极觅食和寻找新的机会。但在这种自发的欲望中，也隐藏着一种潜在的不安感，以及一种微妙的感觉，即当下的每时每刻，似乎都无法令人完全满意。

喜欢，不一定非要占有

有时候，为了满足眼前的需要，一个人必须保持一种强烈的渴望状态。几年前，我家附近的山上发生了一场森林大火。我知道，我们随时可能被紧急通知撤离，我们的房子也很可能被烧毁。我冲回家里，迅速收拾好可以随身携带的生活必需品，以防万一。那一刻，我心跳加速，肾上腺素激增，处于红区的压力顶峰，但在当时却很有必要。后来，随着消防员的到来，他们在火势进一步蔓延前，成功扑灭了大火，我的反应状态慢慢从橙区、黄区，最终回归绿区。

想要是一种欲望，有时很有必要，但通常需要付出某种代价，小到一些不易察觉的体验，如心情紧张、肌肉收缩，大到对身体和人际关系的长期损耗。面对生活，如何放下欲望，享受生活，下面的方法也许可以给你帮助。

注意愉悦度

体验可能是愉快的、不愉快的，或者中性的，这就是体验的愉悦度。我们喜欢并愿意靠近可以带给我们快乐的事物，不喜欢和远离令人不愉快的事物，忽略或无视无感的事物。注意你想象中要做的事情的愉悦度，比如准备一个会议，思考一场辛辣的对话,或者决定是否买某件东西。

对于能够带给我们愉悦感的东西,我们往往会迅速产生想要的欲望。因此,用心体会你感受到的愉悦度,在愉悦度和与之相关的所有欲望之间创造一个空间。在这个空间里,你拥有选择权,决定是否把喜欢转变成想要。

探索单纯的"喜欢"

注意喜欢和想要带来的不同感觉。留意身体内放松的感觉,观察自己是如何保持思想开明灵活的。感受自己无所求、无压力、单纯享受的感觉。

慢慢熟悉单纯享受快乐的感觉——享用一顿美食,与朋友一起欢笑,不要掺杂任何其他欲望。遇到自己喜欢的事物,尽量尝试这样去做,很快你就会形成习惯。

了解"想要"的体验

每天,注意从愉悦地喜欢到迫切想要的转变。注意隐藏在内心深处自发的欲望,即已经很满足的情况下,依然想要新东西。认清大脑中广告商的营销手段,类似"它尝起来/摸起来好极了","它一定特别棒","别担心,就再来一次","没人会知道的","那一定很有趣"。但当你真的拥有了想要的东西后,却发现体验并没有想象中那么美好。

想象自己脑内有一个仪表盘,当欲望红灯开始闪烁时,一定要引起注意。了解不同欲望的不同"风味",如急切、紧张、紧绷、固执、苛求、强迫、渴望或上瘾等。退后一步,观察体验想要时会出现哪些要素:想法和幻想、身体感觉、情绪、面部表情、姿势和动作。注意想要和喜欢带给你的不同感受。

认识到想要也是一种体验,和其他体验一样,由不同部分组成,每个部分来来去去,变化不定。尝试把想要的体验看作是意识天空的漂浮的云朵,这样你可能就觉得它们没有那么重要、那么有吸引力了。

在出现想要迹象(如变得紧张、固执等)时,一定要引起注意。还要那些注意试图用言语或行为激发你欲望的人,他们这样做通常都是为了他们自己,而不是为了你好。

回归喜欢

心中有欲望,这本身并没有问题。想要是一种很自然的体验。问题在于我们往往放纵欲望,被欲望左右。拥有想要的体验并不意味着你必须做些什么,关键不在于是否想要什么,而是你和它是什么关系。

要清楚,想要是有代价的,身体、幸福或人际关系都可能付出代价。思考一下,看看自己是否可以放下欲望,尽可能只凭单纯的喜欢,让自己过上美好的生活。可以通过 HEAL 疗法丰富吸收单纯喜欢的体验,练习多了,你自然会越来越习惯。

如果喜欢变成了想要,那就退后一步,说出自己的欲望,比如"真的很想喝啤酒","要是能证明那一点,可就太棒了","浏览服装网站时间太长了"。想要是我们自身的一部分,观察时要跳出来,从旁观者角度去看,也许你可以把它想象成一只有趣而又固执的小狗,正努力把你拉向错误的方向。深呼吸,让自己冷静下来,集中注意力。摆脱急迫、冲动或"必须"的束缚。有意识地放下欲望。再次把注意力放在享受和目标感上,不带任何欲望。

知足常乐

任何带来满足感的体验,比如感恩、愉悦和成就感,都是一个机会,可以让你获得满足,至少当下令你满足。除了特定体验带来的满足感,也要注意当下每一刻拥有的普普通通的满足感。试着做下方表格中的练习,不断内化这些满足体验,包括日常生活中温馨而短暂的时刻,慢慢地,你内心深处就会形成绝对的满足感。这样,不管你身在何处,都会感觉幸福快乐,也不会因为追求快乐或成就而感到压力。如果能够实现,那很好,如果不能,也没有关系,因为你已经很快乐了。

知足常乐

深呼吸,放松。感受自己的呼吸……跳动的心脏……生命在延续。也许有疼痛、疾病或残疾,也可能有悲伤和痛苦……但此时，全身心感受生命中已有的和正在发挥功效的部分。如果能够得到更多，那更好……但目前已经足够了。让这种知足的感觉融入你的内心。

想想大自然赋予我们的丰富给养，如氧气和各种食物。不管你生活中缺失了什么，大自然依然资源充足，丰富的自然资源足以让你活下去。认真体会被支持、被保护和被喂养的感觉，感受生活的富足。

想想丰富的物质世界。无数原子构成了你身体，它已经存在，无须你再做任何事去创造……物质和能量结构、空间和时间共同塑造了现在的你。沉浸在这种富足中，无须理解，认真体会就好。

注意，每时每刻都有无数东西出现在我们的意识中……那么多的声音、感觉、图像、情感和想法。放松，承认日常体验本身所具有的充实感，一种不可否认的内在满足感。让这种充实感渗入你的身心。

要知道，体验不断消失很正常，因为总有新的体验出现，取代它们。用心感受内心被填满的感觉。内心丰富充实了，也就不会想要更多了。

健康的热情

正如我在上一章所说，神经系统的交感神经和副交感神经就像汽车的油门和刹车，二者协同工作，才能保证我们身心平衡。

在"战逃反应"中，交感神经被激活，但当我们热情追求机会、充满信心、做爱，或者为孩子和朋友欢呼时，它也会变得兴奋。我们需要交感神经系统来维持健康的激情。

如果只是因为存在压力源（节假日在你家聚餐或者工作中的高风险机会），你没必要感到紧张。交感神经兴奋并不一定会带来压力，关键在于你的情绪是积极的还是消极的。简单来说，就是：

- 交感神经系统 + 积极情绪 = 健康的热情
- 交感神经系统 + 消极情绪 = 不健康的压力

积极情绪和绿区

要理解情绪和压力之间的关系，来看两个生活中的例子。首先，回忆一下，自己追求一个大目标时所面临的压力，比如搬到一个新城市，或者承担一个重要项目等，记住当时产生的消极情绪，比如焦虑、沮丧和愤怒，想想这些情绪是如何让你感到更有压力的。然后再回忆一下，某次追求大目标时产生的积极情绪。仔细想想，积极情绪是如何减轻你的压力的。

当你变得更积极、更认真或更有激情时，你整个人也处于健康绿区。因为交感神经系统的进化是为了帮助我们的祖先战斗或逃跑，所以兴奋的感觉很容易迅速转化为沮丧或愤怒。例如，我记得一次我正在电视上看旧金山 49 人队的橄榄球比赛，当他们触地得分时，我高兴地欢呼起来，这时我妻子在另一个房间问了一个简单的问题，我一下子就大怒。交感神经系统的激活就像在高速公路上飞驰，速度快，跑得也远，但只需要一个小东西，就可以让你出事。积极的情绪帮你始终待在防护栏内。

找到甜蜜点

当你处于甜蜜点时，你做的事情极具挑战性，足以吸引你，但又不会让你难以承受、束手无策。要想找到这个甜蜜点，并停留在这里，可以试试以下方法。

适应身体的兴奋状态

如果你正面临一项挑战，开始感到紧张焦虑，告诉自己，心跳加快、呼吸急促、肾上腺素飙升，这些都很正常。如果你这样解释——这是身体应对挑战时的正常反应，是健康的——感受到的压力就会小一些。对比你处理过的类似挑战，看看你是如何有效地处理当前问题的，这有助你变得更自信，减少压力。

让自己充满积极情绪

在面对一个可能令人兴奋、紧张甚至有点伤脑筋的事件前，激发自己的积极情绪。认真想想那些和基本需求匹配的美好感觉和态度。这里运用了第 3 章"提升你最需要的内在力量"中介绍的方法。例如，如果你要主持一个会议，你可以回忆一下过去主持成功或者专业知识得到赞赏的经历。这样有助于你从容优雅地应对一切挑战，而不会变得紧张易怒。

同时注意消极情绪

当你着急、兴奋或感到紧张时，要警惕沮丧或愤怒等消极情绪。这就像赛车前进时收到了黄旗：继续前进，但要保持警惕，谨慎前行。

在消极情绪出现时，准确识别并告诉自己，这是愤怒、担忧或憎恨。这有助于增强前额皮质的调节能力，让杏仁核平静下来。试着放慢脚步，说话前停顿的时间比平时长一点。不管是精神上，还是身体上，都尽量退后一步，暂时放下，让你的压力指针从红区慢慢下降到橙区，再到黄区，最终回到绿区。

享受这段旅途

在实现目标的过程中，注意阶段性的进步。记下每一个小成功，留意每一个小成就。一点一滴的成功体验可能很微弱，但对大脑却好处多多，有助于保持健康激情的最佳状态。例如，如果我的电子邮箱里有 50 封新邮件，每处理完一封，我都能感受到一丝成就感，那么邮箱里邮件再多，我也不会望而生畏了。

确定目标，勇往直前

对我们绝大多数人来讲，有些事我们知道有益，但很难做到；而有些事明知不该继续，却依然不停止。就像我知道自己应该多运动少吃碳水一样。

即使我们朝着正确的目标前进，偶尔也会走错路。我们内心深处的目标根植于我们的基本需求，即安全感、满足感和联结感，永远是积极健康的。例如，想吃一袋饼干背后是对舒适和满足的深层需求；想要给别人留下深刻印象，是为了满足展现自我价值和建立联结的深层需求。我们深陷各种麻烦，其根源多数与我们的深层目标无关，而是我们实现目标的方法。想想，有没有哪种欲望一直困扰着你，比如想吃某种食物或做某件事。然后问问自己："它背后的深层目标是什么？"有了答案后，继续问自己："我如何才能更好地实现这个目标呢？"

在朝着某个特定目标努力时，有了明智的方法后，接下来最重要的就是采取切实行动，让自己走向成功。例如，想要多锻炼，那就找一个运动伙伴，约好每天早上一起步行；或者如果想少吃甜食，就不要在家里放糖果。这样做很有用。但大多数人都是知易行难，知道做哪些事对自己有益，却迟迟迈不出第一步。那么，我们如何才能朝着正确的方向一直前进，而不误入歧途呢？

动机回路

为了更好地理解后续内容，现在我们来介绍一点关于大脑动机回路的小知识。当体验中的成就感增强时，脑干顶部腹侧被

复原力

盖区的神经元会变得十分活跃，释放大量多巴胺到其他脑区，主要包括皮质下的伏隔核和前额后的前额叶皮质。在伏隔核中，多巴胺在活动峰值时通过苍白球和丘脑发送信号，促使你采取行动获得奖励。前额叶皮质中多巴胺增多，有助于你集中精力做有益的事情，同时刺激前额叶执行功能，找出持续获得奖励的方法。腹侧被盖区、伏隔核和前额叶皮质形成了一个回路，即动机回路，当我们看到机会和潜在的奖励时，动机回路就开始启动。

动机回路有助于在大脑中增强努力付出和奖赏之间的联系，如何让它为你工作呢？稍后，我会向大家介绍具体方法。学了这个方法后，你可以开发它的更多用途，改善和他人的沟通交流。例如，同事或亲戚找你麻烦时，你不再愤怒，而是保持冷静自持。这是一个很好的习惯，巩固好习惯有助于改掉坏习惯。

气质差异

加强某些行为与其回报之间的联系时，也要考虑你的气质类型。不同的人动机回路中多巴胺受体数量也不一样。不同神经元之间相互接触的部分，被称为突触。当一个神经元放电时，会释放神经递质，这些递质需通过突触传向其他神经元受体。受体就像停靠站，而神经递质就像小船。神经递质移动到相邻神经元速度非常快，因为神经元之间的空间非常小，一根头发的宽度就能容纳几千个突触。

神经递质和受体结合后会改变神经兴奋性。有的神经元多巴胺受体较少，因此需要更多的多巴胺来触发多巴胺相关活动。简单来说就是，一个人拥有的多巴胺受体越少，他就需要越多的奖励才能保持活力。但有些人无须回报，也很容易集中精力，坚持不懈地完成任务。这样的人往往多巴胺受体比较多。而有些人如果没有刺激或者看不到什么回报，他们很快就会失去兴趣。他们一般拥有的多巴胺受体较少。存在这种差异很正常，因为人的气质是天生的，有多种类型，这只是其中一个方面。我猜想，可能因为在进化过程中，我们的祖先小群体聚居生活，需要不同气质类型的成员。例如，多巴胺受体较少的人善于寻找新机会，提出新想法和新的办事方法，同样可以为族群做贡献。

多巴胺受体相对较少并不意味着性格有缺陷，只需要做到三点就可以帮助他们变得积极乐观，充满活力。这三点就是，增加获得奖励的数量，提高对奖励的关注度和敏感度。做到这三点，任何人都可以变得更积极。

你可以通过以下几种方法，增加获得奖励的数量。

- 选择更令人兴奋、快乐的活动（例如，想锻炼时，不要在跑步机上跑步，而是参加某项运动）。
- 增加新奖励，比如和他人一起活动。
- 做事时，从细节上做出改变。例如，你想改变饮食习惯，健康饮食，那就不断尝试新食谱。
- 做事时，适当短暂休息。
- 经常主动寻求反馈，尤其是积极反馈。

强化奖励

除了创造新的奖励外，你还可以对已获得的奖励给予更多关注，提高对它们的敏感度。这样做非常值得，因为我们也不是总能创造新奖励的。

强化前

选择一件你内心很想做的事情。想象自己正在做，同时感受它带给你的快乐，或想象它对你多么重要。例如，在跑步机上进行爬坡锻炼时，为了能够坚持半个小时，我一边锻炼，一边想象听音乐或看书时的美好感受。你也可以提前想象一下，事后会得到什么奖励。

用这种方法期盼奖励时，获得奖励的想法被具象化，身心都有所体会，有助于身体释放更多多巴胺。听喜欢的歌会让我放松快乐，在跑步机上运动时，我总是试着让自己想起那种感觉。回忆听喜欢的音乐时的快乐，用心感受，比单纯地想象音乐让我更快乐，更容易鼓励我坚持。如果你曾利用 HEAL 疗法把某种愉悦体验植入你的大脑，比如听音乐带来的快乐，那么现在唤起这种体验就更容易了——这就像拥有了一个可以存储美好体验的银行，在需要的时候随时提取。

强化中

当你想要鼓励自己做某件事时，持续关注它将带给你的愉悦感受。反复多次，一遍又一遍，这有助于促进释放更多巴胺，锻炼动机回路。

观察自己正在做的事情，从中寻找新颖或能带给你惊喜的东西。当大脑遇到新奇事物时，多巴胺分泌会激增。同时，让自己保持适当的兴奋或紧张感。这能促进肾上腺素分泌，从而加强活动和奖励之间的联系。

强化后

完成一件事后，花点时间认真品味它的结果。从跑步机上下来后，我会集中精力感受锻炼过后的活力和满足感，感谢自己为了自身健康所付出的努力。做完每件事后，认真体会它带给你的奖励和回报，不要忽视它们，急匆匆赶着去做下一件事。你做事是为了得到内心奖励，那是你应得的。

鼓励自己

我攀岩时一般都有教练陪同，很多教练都非常擅长鼓励别人。我犯错时，他们会及时指出；我取得进步时，他们也从不吝于表扬。他们激发了我作为一名登山者最大的潜能，也让我更热爱攀登了。当然也不是人人都如此。有一位教练，每当遇到比较艰险的地段，我速度慢下来时，他就会爬到我前面，猛拽我的绳索。他也会指出我技术上的不足，但当我顺利通过后，他也只是在旁边面无表情地看着，一句鼓励也没有。通过绳索，我能感受到他的不耐烦和愤怒，不亚于当面责骂我。这不仅无法让我进步，反而让我感觉更紧张、焦虑，压力也越来越大。在他的指导下，我表现得更糟了。他是个优秀的攀登者，却不是一个好教练。

人们的思维深处，也经常发生类似的事情。总的来说，有两种方法可以帮你攀登人生高峰，即指导和批评，前者依靠内在养育者，后者仰赖内在批评者。参考下表，思考一下二者的不同。

指导	批评
目标明确	没有目标
表扬进步	指摘错误
语气亲切	语气严苛
体现关怀	不屑一顾
鼓励成全	打压摧毁

当你追求目标时，注意指导自己和批评自己时的不同感受。有意识突出引导带来的感觉和态度。想想那些支持和鼓励你的人，想象一下如果你犯错了，他们会对你说什么。为自己加油！反复使用 HEAL 疗法加强自我指导的体验，练习得越多，就会越

熟练，慢慢就会养成习惯。

许多人担心，如果他们不严格要求自己，就会偷懒懈怠，但这并不一定是真的。反复告诉自己，是指导让我们始终坚持正确道路，而非批评。同时也要清楚，经常严厉指责自己，时间长了，会让自己表现更差。例如，如果因为自己做错事过分自责内疚，压力过大会刺激大脑皮质醇分泌增多，进而削弱海马体功能，最终降低大脑的学习能力，阻碍你获得有益、愉悦的体验。

如果你知道你的大方向是对的，即使它不能立即给你带来回报，也要坚持下去。这就是动机的本质：内心深处目标明确，主动采取行动，坚定不移地朝着目标奋斗。我曾经有幸上过约瑟夫·戈尔茨坦的冥想课，他是一位严谨而话不多的老师。在休息时，我和他讲述了我的经历，并咨询我是否选对了路。他点点头，微笑着对我说了两个字："继续。"我一直铭记在心。

本章要点

- 复原力不仅仅指从逆境中恢复的能力。面对挑战，复原力强的人目标坚定，不动摇。增强复原力，最关键的一点就是学习如何调节大脑的激励机制。
- "喜欢"和"想要"不是一回事。想要时产生的是一种固执、强烈或急迫的感觉，这种感觉容易带来压力，导致有害行为。应探索无欲望的单纯的喜欢。反

- 复内化满足感，知足常乐，营造内心的充实。这不仅能够让你在保持雄心的同时享受快乐，又无须承受欲望带来的过多压力。
- 交感神经系统兴奋带给我们能量和激情。但如果伴随的不是积极情绪，如爱和快乐，那么，交感神经的兴奋就会把我们带入压力红区。当你开始亢奋时，警惕消极情绪的出现，努力寻找方法，体验积极情绪。
- 大脑有一个基于多巴胺活动的动机回路，非常重要。每个人的多巴胺受体数量生来不同。多巴胺受体偏少的人往往需要更多奖励才能够保持积极性。
- 加强奖励和目标活动之间的联系，强化动机回路。增加奖励数量，提升对奖励的关注度以及敏感度。
- 人们常常认为，只有严苛对待自己，才会保持活力，不懈怠，但事实恰恰相反。追求目标的路上，应对自己多些宽容与理解，少些指责。

第 9 章

亲密关系

我宁愿与朋友在黑暗中同行,也不愿在光明中独行。

——海伦·凯勒

小时候的我孤僻不合群,多数时候,我都游离在人群之外,犹如一个看客,站在餐厅外,隔着一层玻璃,看着里面的人有说有笑。我看得见却无法碰触,听得见却无法回应。我花了很长时间才鼓足勇气走出这种离群状态。我逐渐敞开心扉,缓慢但坚定地去结识朋友,也被他人认识,慢慢地,与他人的联系越来越多。从广义上讲,这就是亲密关系,其本义是"变得熟悉或了解"。

人与人之间的亲密度存在差异,从与热狗摊主的偶遇到 50 年的婚姻关系都有。人际关系亲密度主要和以下几个因素有关,即个人自主性、同理心、同情心以及其中一方的品德。本章将会对这些内容做详尽解释，同时，在本章中，我们将主要介绍如何充分利用我们的大脑。而在下一章，我们将重点探讨如何与他人互动。

"我"和"我们"

亲密程度越高，回报就越大，但风险也越大。当你敞开心扉投入一段感情时，不可避免地会降低防御，变得更脆弱。这样别人就更容易让你失望或伤害你。在和他人的亲密关系中，我们如何才能既从中受益，又成功应对随之而来的风险？

矛盾的是，为了最大限度地从"我们"中获取好处，你需要以"自我"为中心。有句谚语说得好："有好篱笆才有好邻居。""我就是我，自己的事自己决定。"这种强烈的自主意识有助于挖掘亲密关系深度。例如，若你内心充实有安全感，你就更容易敞开心扉接受他人的感情。满足了自身需求后，自然也就有能力照顾他人的需求。深入理解自身需求，有助于更好地融入。

就像自主意识可以加强亲密关系一样，亲密关系也鼓励自主意识。健康的亲密关系不仅能够增强个体安全感和价值感，还能让人变得更自信、更独立。二者相互滋养，形成良性循环，有助于增强我们的复原力。

个人经历的影响

若一个人自主意识较弱——不知所措、任人摆布或与他人纠缠不休——亲密关系也会减弱，时间长了，情况会更严重。但与"我们"打交道时，保持"自我"并不是一件易事。问问自己，当别人对你做下面的事情时，你是什么感觉？

- 向你索要东西
- 惹怒你
- 试图说服你或影响你
- 不尊重你的边界感
- 试图支配或控制你

一个人的自主权受到挑战会如何应对，部分是由他或她的气质类型决定的。和对亲密关系的态度不同，人们对自主性的重视程度天生存在个体差异。这些自然差异，包括社交能力和性格外向/内向，童年时期就会显现出来，并一直延续到成年。关于父母养孩子，有一个非常有趣的说法，父母觉得第一个孩子是"养育"出来的，但有了二胎后，才恍然大悟，原来一切都是"天生"的。

但从你第一次呼吸开始，到最后去世呼出最后一口气，你这一生经历了什么，你都是如何应对的，"养育"会产生重大影响。出生伊始，你就开始探索独立性和个性：决定看什么，吃什么，把什么吐出来；发现皮肤感受到的温暖来自另一个人；知道其他人的感受和想法与你的不同。在这个过程中，你当然会犯一些错误，制造一些混乱，有时还会让他人担心紧张。

随后周围世界给予回应。有些父母、亲属、老师甚至文化重视和支持孩子的独立性和个性的发展，有些则不然，两者之间存在巨大差异。成长过程中，孩子的自我表达能力和自信被肯定，并得到很好的引导，或完全相反。随着时间的推移，成千上万的小插曲累积起来，以这样或那样的方式塑造了一个人。

想想你的成长经历，花点时间，试着回答以下问题。这些问题主要是关于自主性体验的。童年时期，在你身边，你观察到了什么？比如当你的兄弟姐妹或其他孩子无理取闹、乱发脾气或表现得特别倔强时，他们受到了怎样的对待？如果你也这样，会发生什么？在你小时候，这会对你有什么影响？现在，作为一个成年人，想想自己的生活，以及别人是如何对待你的。大声说出自己的需求，做真实的自己会带给你安全感吗？你是否需要克制自己的需求来维持平静？当你表现出强势和自信时，其他人是否会理所当然地接受你？

增强自主性

回过头来想想，过去的经历对今天的你有什么影响。把别人对待你的不良方式（比如限制、压制或羞辱你的个性和独立性）内化，然后有样学样，自己也这样对待自己，这种现象很正常。在亲密关系中，如果做下面的事情，你会觉得舒服吗？

- 充分表达你的想法和感受
- 直接表达自己的需求
- 即使他人不赞同，也相信自己的判断
- 勇敢和他人对峙

无论你从哪里开始，在"我们"中，都有很多有效方法加强健康的"自我"意识。

关注自己的体验

注意观察，看看自己的注意力是否被"拉"到别人身上，而没在自己身上。如果是，就把注意力拉回自己身上，关注自己的体验。不要在意自身经历的对错或者公正与否，经历就是经历，全身心观察自己的经历。

想象你与他人之间的界限

感觉一下，你在这里，其他人在那里，你和他们是分开的。想象一下，在你和他们之间的地面上画一条线，或者竖起一排栅栏，或者有必要的话，安装一面牢不可破的玻璃墙。虽然这样做有点傻，但我的脑海里似乎回响着《星际迷航》里柯克船长的声音："盾牌掩护，斯科蒂！"

捍卫内心的自主性

回想那些曾让你感到自己果断坚强的时光。全身心体会这种感受。刻意告诉自己："我有权决定什么适合我。""我没必要同意你的看法。""你和我不一样，这没关系。""不是你要，我就必须给你。"出于某些现实原因，你可能不得不忍受一些事情，比如为了保住工作，你可能不得不忍受老板的长篇大论，或者在家庭晚宴上，为了不破坏氛围，礼貌地对一个烦人的亲戚微笑。但请记住，这都是你自己做出的选择，符合你的价值观，你也尽你所能做到了最好。

寻求更多的支持

亲密关系有助于加强自主意识，所以要调整自己，在内心想象他人站在你这一边支持你的感觉，这有助于你支持捍卫自己。想想那些喜欢你、尊重你自主性的人。想象一下，如果有人对你不好，总是让你难堪或操纵你，他们会说什么。回忆一下第 6 章中的关爱委员会带给我们的感觉。在脑海里，调大那些支持你的人的声音，调低那些挑战你自主权的人的声音。

共情他人

同理心（共情）就是设身处地理解他人。当你内心感觉踏实安全时，你就可以共情他人，却不会深陷他人的情绪不可自拔。

维持亲密关系，同理心不可或缺。它有助于我们理解语气和情绪的细微差别，正确解读他人的意图，识别愤怒背后的痛苦，透过对方的眼睛读懂对方的内心世界。做到这些，能够帮助我们更顺畅地与他人交流互动。不管是在工作中，还是其他地方，同理心可以弥合多元文化世界中的差异。用丹·西格尔的话来说就是："它帮助我们感到被感受到。"每个人都作为独立个体存在，人人皆凡人，各有各的苦。同理心让我们觉得"我并不孤单，其他人和我在一起，我们共同面对一切，我们拥有共同的人性"。

同理心并不等同于赞成或同意。与他人共情并不意味着要放弃你的权利或需求。事实上，在面对冲突或你讨厌的人时，同理心非常有用。更好地理解他们有助于你更顺利地解决问题。如果他们感觉到你理解他们，愿意倾听他们诉说，他们也就更愿意倾听你的声音。

同理心大脑

随着人类的进化发展，人们变得越来越有同理心。今天，在我们的社会化大脑中，同理心是通过三个神经系统实现的。正是因为这三个神经系统，我们才能理解他人的想法、情感和行动：

- 想法：前额叶皮质，位于前额后面，它使你能够理解另一个人的信仰、价值观和计划。

- 情感：岛叶，位于头部两侧的颞叶内侧，当你共情他人感受时，岛叶就会变得活跃。
- 行动：镜像网络，存在于大脑的各个部位，不管你是自己采取行动（如寻找杯子），还是观察他人的活动，镜像网络都会被激活。

大脑中的这些区域同时高效担负着双重任务。它们在调节你自己的想法、情感和行动的同时，帮助你切身理解他人的想法、情感和行动。

培养内在同理心

通常人们觉得同理心就在那里——你有就有，没有就是没有。但事实上，同理心是可以培养的，就和其他心理资源一样。下面我们会和大家分享一些培养同理心的有效方法，然后一起来看看和他人互动时，如何有效发挥同理心的作用。

深入内心

增强自我意识，尤其是你体验的最深层的自我意识，可以增强其他意识。因此，充分感受自己内心深处的感觉、想法、情感和欲望存在的细微差别，尤其是那些藏在意识流下面更柔软、幼小的部分。它们就如同一片漂浮在河中顺流而下的树叶：当你伸手去抓时，发现它连着一根嫩枝，然后是一根树枝，然后是一根非常有趣的木头。同时，要注意追踪体验流的快速变化。在你的大脑中，神经元通常每秒放电 5～50 次，所以在一个呼吸间就会发生很多变化。经常练习有助于提升你的专注度。

跳出当前视野

同理心让你更容易跳出自己熟悉的立场和观点，站在他人的角度，理解他人的内心世界。当你不再执着于自己的想法和观点，能够换位思考，体验一下，你那时是什么感觉？要明白，对自己理所当然或重要的事情，对他人来说可能一点都不重要。生活经历对每个人都有着重大影响，比如他们的父母、所处的文化背景、遭受的苦痛和压力带来的影响。你过往的生活经历塑造了今天的你，其他人也一样，人生经历不同，人也不同。在一段重要的关系中，选择一个容易引起争议的话题，比如应该如何分担家务，想象一下，如果你将心比心，理解了对方的信仰、价值观和生活背景，你会如何处理这个问题？

消除偏见

这意味着你要加强对不同文化背景的人的了解，并能和他们进行有效互动。作为一名美国白人男性、异性恋者、中产阶级、身体健全的专业人士，我发现多了解与我不同的人是非常有用的（我认为也是道德的），这不仅让我更清醒地意识到思考时自己无意识的假设和偏见，也更加尊重他人的优先事项和行为方式。文化能力不仅让我们知道自己是如何深入理解他人的，同时也明白了他人如何解读我们的言行。深入理解不同类型的人群，有助于我们更好地设身处地为他人着想，更加明白自己对他们的影响。

在互动中共情

平时和熟人相处时，因为太熟悉太了解彼此，反而不容易产生同理心。如果对方喜欢批评或挑刺，那同理心更是被抛到九霄云外了。在我们真正需要的时候，同理心似乎是最遥不可及的。这就要求我们与他人相处时，有意识地培养共情能力。

保持注意力的稳定性

平时，我们要有意识地努力保持注意力的稳定性，尤其当他人的想法、情感或欲望与你的不同或不一致时。想想别人能连续几分钟持续关注你是多么难得——当他们这样做的时候，你的感觉有多美好。想象一下，你的大脑里有一个小监视器，它会随时关注你的注意力稳定性。保持关注还和大脑的前扣带皮质有关。这个区域活跃，有助于我们集中注意力。如果持续关注过程中你走神了，那很正常，把它拉回来就好了。

敞开心扉

放松身体，尤其胸部和心脏区域。若有任何紧张、防备或警惕的感觉，试着放手，让自己放轻松。如果你在向别人敞开心扉时，感到不舒服或陷入迷茫，那就重新建立一种强烈的"自我"感觉。你可以把自己想象成一棵大树，深深扎根于大地，别人的思想和感情于你而言，就如同吹过树叶的风一样。记住，只要你不愿意，你就不必同意或赞成任何事情。明白这一点有助于你更容易接受他人。

留意微表情和细微的语气差别

尽可能直视对方的眼睛。注意眼神接触时，你可能产生的任何不适感。观察对方眼睛时不要有咄咄逼人的感觉，但眼神接触要尽量比平时多一两秒。这是表示接纳他人的一种很好的方法。

保罗·埃克曼等人的研究表明，人们潜在的情绪和态度往往是通过细微的面部表情，尤其是眼睛和嘴巴周围的表情表现出来的。观察细微表情的同时，也要注意对方的姿势以及动作的速度和强度。想象一下，如果你自己也出现了同样的面部表情和肢体语言，你会有什么感觉以及你想要什么。留意微表情和声音的细微差别，便于激活大脑镜像网络，有助于我们解他人行动，并做出相应的情感反应。

人类在进化过程中，最近的一个发展就是能够发出并识别说话语气中短暂、微妙的变化。迷走神经复合体的最新分支延伸到中耳和脸部，它是大脑和身体中社会参与系统的关键要素。关注他人说话声调能够调动迷走神经复合体，加强你对他人的同理心。

感受内在更深层次的需求

试着去感受对方内心更深层次的需求和痛苦。例如，在攻击背后可能潜藏着恐惧，或者拒绝背后可能是对亲近的渴望。想象一下，这个人的身体有什么感觉，是否感觉疲劳，是否正在生病，饱受病痛折磨。试想一下，如果这就是你，凭直觉来回答，你内心是什么感受？这样做有助于激活大脑中的脑岛，加强你对他人情感世界的同理心。

完善你的想法

缜密思考、完成假设验证是同理心的关键，这个过程主要涉及大脑前额叶皮质。先假设对方遇到了什么事，虽然只是暂时猜想，但也要具体一些。然后，从正反两面寻找证据，验证你的假设。例如，想想你对对方的性格和经历了解多少，也许，你觉得对方故意伤害你的行为，其实只是对方童年时习得的一种对一般人的自动反应。完善你的想法，以便准确地理解他人言行。

培养温暖仁慈之心

有了同理心，我们就能真正感受他人的欢乐与悲伤。但这种感觉本身与同情和仁慈不同，同理心必须与他人产生共情，感同身受。同理心越强，随着时间的推移，我们也会变得越来越有同情心，越善良。毋庸置疑，我们每个人都可以成为一个更有爱心的人。

除了可以帮到他人，强化"心灵肌肉"不仅可以让你的身体平静下来，保护你的免疫系统，改善你的情绪，还可以唤起他人对你的关心。同情以苦难为前提，而仁慈则不然；但事实上，这两者有很多交集，所以我在这里把它们放在一起讨论。在第1章中，我们探讨了如何关怀自己，善待自己。现在让我们来看看如何培养一颗能够温暖他人的心。

品味温暖

当你有同情或仁慈感受时，保持这种体验，重点关注它，接纳它，感觉它正融入你的体内，成为你的一部分。每天试着多做几次这样的练习，每次持续几分钟或更长时间。也可以每天抽出些时间做下方表格中的练习，这是一个可持续性练习。

同情和仁慈

静下心来，放轻松。回想一下曾经帮助过你的人，比如父母或老师。注意这个人面临的挑战、压力和痛苦。感受你对他们的担忧，想一些温柔的话语祝福他们，比如"愿你不受……折磨……愿这痛苦尽快过去……祝你身体健康"。把手放到胸口，强化这种体验。然后把对他们的感觉从同情转为仁慈，希望这个人快乐幸福。在你内心深处，找到友善或爱的体验，你可以这样想:"祝你成功……愿你平安……希望你知道有人爱着你。"

想想你的伴侣或某个朋友。关注这个人的负担、失望和痛苦。心怀同情与温暖,心里默念对他们的支持:"愿你工作压力变小……希望你早日康复。"同时探索内心仁慈和友爱的感觉。了解自己内心深处的同情和善良是什么感觉,让它们深入你的内心,融入你,成为你的一部分。

接下来,找一个你认识但与你关系平平的人。想象这个人可能有的失落、孤独和痛苦,然后给予同情。同时寻找内心的仁慈和善良,比如你可以这样想:"祝你健康……祝你平安……愿你生活安逸……愿你真心快乐!"

最后,单纯体验同情和仁慈的感受,不再关注任何人。想象一波一波甜蜜的关怀、温暖、友善和爱从你身上飘散出来。吸气时,体会爱流入身体的感觉;呼气时,感受爱正从你体内流出。认真体会这段体验带给你的愉快、美好感受。让自己心中充满同情和仁慈,让它们一路伴你前行。

承认痛苦的存在

走在街上,经常会看到他人满脸的疲惫、紧张或悲伤。人生虽然不只有痛苦,还有很多其他东西,但每个人至少在某个时刻有过痛苦。但在日常生活中,每天的忙碌让我们无暇顾及自己的痛苦,甚至直接无视掉了。有一次,我问我的老师吉尔·弗朗斯达尔,在他生活中,重要的是什么。他沉默了一会儿,然后说:"我会为了痛苦而停下来。"

当你在家或工作中与他人互动时,对可能存在的痛苦敞开心扉,比如无声的痛苦或沮丧。每天多留意一下,观察一位陌生人或并不亲近的熟人,感受一下他们肩负的重担。这有助于你敞开心扉,内心变得柔软。

寻找与他人的共同点

一般来说,我们更倾向于对那些与我们在某些方面相似的人释放同情和善意。试着寻找与他人的共同点,尤其是与那些看起来和你不一样的人。例如,在脑海中想到某个人,然后这样想:"和我一样,你也会感到痛苦……别人对你不好时,你也会受伤,也会生气……你也关心你的孩子……和我一样,你也希望获得快乐。"看看你是否能感觉到,这个人也曾经像你一样,是个孩子。虽然你们的信仰和生活方式截然不同,但在内心深处,找找看,也许你们有着相似的渴望和情感。

同情不是赞同

同情与道德判断无关。我们同情的是痛苦本身。制造痛苦的人,或者伤害他人的人,若他遭受痛苦,我们也会同情他的痛苦。如果我们只同情我们喜欢的人,那么这个世界将会变得多么冷酷无情。

想一个很难让你表达同情的人。注意你对他的批评、抱怨或愤怒。想象有这么一条线,把这些消极情绪都归到线的一边。然后,与所有这些不同的是,在这条线的另一边,你是否可以给出愿众生都不受苦的理由,即使是对那些冒犯了你或者给你带来麻烦的人?同情痛苦是一回事,分析判断是另一回事,不要把二者混为一谈。承认对方的痛苦真实存在,给予同情。同情他人的痛苦不仅符合社会道德,同时也会让你和那个人共处时更自在,内心更平和。

同情一个难以同情的人

放轻松,集中注意力。感受被关心的感觉。想象有人正和你站在一边,支持着你,感受内心的强大和坚定。

想想某个对你不友好的人。承认这对自己是一个挑战,清楚它会你产生什么影响,以及你打算怎么做。然后把注意力放在这个人承受的痛苦上。你可能需要寻找隐藏在背后的压力、紧张或不幸,很可能需要追溯到童年。找不到也没关系,世人皆苦,你可以对他的痛苦表示同情。同情过后,你可以再想象一下,如果这个人内心没有这么痛苦,他可能会做什么?

你可能会希望这个人不要再那样对你或他人,你也许希望得到道歉、补偿或公道,这都可以理解。但除了这些,你也可以希望这个人不必承受不必要的痛苦,不必陷入绝境,任何不幸都不要降临到他或他所爱的人身上。

清楚自己做人的基本道德准则，了解自己希望每个人都没有痛苦的心愿。看看对着这个人，自己是否能坚守本心，真心对他说："愿你不受苦。"当然，你也可以试着换种说法，比如："我不想增加你的痛苦……真心祝你获得内心平静。"

一旦你能够对这个人表达同情，你的心态也会变得更平和。你很清楚，不管这个人做了什么，都无法改变你内心深处的善良。

单方面美德

作为一名心理治疗师，我一直从事婚姻咨询工作。在我的办公室，经常上演各种戏码。演员不同，细节也不同，但基本剧情却从未变过：

甲：我很伤心，也很痛苦。我希望你对我好点儿。
乙：我也很伤心，也很痛苦。我也希望你对我好点儿。
甲：好吧，如果你对我好，我也会对你好。
乙：没问题，不过你要先对我好。

无论是在家里还是在工作中，我们往往看到的都是别人的错误，很少反思自己，改善自己。但是期待别人先改变经常会陷入僵局和恶性循环，等待只会让人无助。与此同时，由于大脑的消极偏见，负面情绪会被优先考虑，因此人们往往会沉浸在伤害、愤怒和怨恨中而无法自拔。

还有一种选择——单方面美德，即你独立自主、富有同理心、为人善良，即使别人和你不一样，你也会恪守自己的道德准则，有责任心，是个值得尊敬的人。这样做，会让事情简单化。与其纠结别人应该做什么，不如专注于自己的行动。另外，这样做也有助于你了解自己的影响力，发挥更大的能动性。这里影响力是指对自己的，而非对他人的影响。单方面美德本身就会让你感觉到美好，把你的注意力从对别人的消极偏见中拉出来，有助于你感受"无可指责的幸福"，因为你知道自己已经尽了全力。

单方面美德不是让你屈服于任何人或成为谁的受气包。你依然对自己抱有同情心，能够大声说出自己的需求，同时注意他人的言行随着时间有什么变化。这是你鼓励别人善待你的最佳策略。如果你解决了他们的需求，没有陷入无止境的争吵，他们通常会变得更理性，更容易倾听他人意见。管好自己，你才更有资格对他人提出要求。

清楚自己的原则

单方面美德始于你真正知道自己想说什么或做什么，这其实就是你个人的行为准则。虽然它也可能受到他人影响，但从根本上来说，个人行为准则由你决定。

选择一段混乱、棘手的关系。在你的脑海里或纸上，记下你想要"做"和"不做"的事情，包括道德标准、说法方式或技巧，以及已经达成的协议。例如，面对某些具有挑战性的关系，我做了如下记录。

做	不做
记住他们今天也很辛苦	打断别人
先说我赞同的部分	发火
如果迟到，提前打电话告知	麻烦别人
早点出发，准时到达	自说自话，自以为是
承认自己的问题	纠结过往
尽量预测对方需求	过分挑剔

认真思考一下，如果遵循上述原则行事，特别是在发生冲突时，事情会如何发展？这并不是说一定会有好结果，但至少大大提升了可能性。不要管别人做什么，你只要知道自己已经尽力就好。每一条原则似乎都是显而易见的事，因而很容易被忽略，但是如果明确知道具体内容，尤其是把它们记录下来，其作用会大大提升，尤其是在处理棘手的关系时。

坚持自己的准则

如果偶尔违背了自己的行为准则，这也很正常。我也一样。这并不意味着放弃，此时你需要做的是反复检查准则是否现实可行，其内容对你是否真的重要。如果真的有问题，那就修改，升级新的版本。此时，通常你需要注意的是，不要违背自己的道德准则。下面有一些建议，可以帮助你坚持自己的准则，尤其在你应对那些极具挑战性的人时。

先照顾好自己

只有当你照顾好自身需求后，你才会更有耐心考虑他人的需求。不管你的意图有多好，空盒子里都倒不出牛奶。我们前几章已经探讨过，如何支持自己，照顾好自己的身体，享受生活。当你休息得好、营养充足、心情愉快的时候，想要远离红区就很容易。

弄清楚影响自己反应的因素

当你难以遵守单方面美德时，认真思考一下，然后问问自己，是什么影响了你？也许是因为饥饿或睡眠不足，又或是喝多了，也可能是因为一天的紧张工作而导致心烦意乱。或者是你对他人的不满加剧了你的反应。再回忆一下以前的生活经历，尤其是童年经历，是不是也对你产生了影响。不管是什么原因都要弄清楚，如果是它们导致的，比如喝酒后和伴侣讨论某个敏感话题，一定要格外小心。

避免无声的指责

不管是在家里或工作中，当你完成了自己的那份工作后，注意自己的言行和说话的语气，这时的你，很容易对没完成任务的人品头论足，指手画脚。可能你什么也没说，但对人翻白眼或皱鼻子，同样表达了你的态度。关于与他人合作时要如何做，我们将在下一章进行详细探讨。这种无声的指责往往只会导致两败俱伤：表达不清，不够严肃，无法满足你的需求，但又极具挑衅性和煽动性，足以引发争吵。所以，最好的方法就是专注于自己的职责，忠于自己的准则。

解决他人的要求和抱怨

在有些文化或家庭中，提出自己的要求或诉说自己的烦恼，被视作一种禁忌。但既然我们彼此依赖，我们必然会互相有要求。当人们感到失望或受到不公平对待时，他们也需要说出来——简单来说，就是"抱怨"。

回忆一下，你过去提出要求或抱怨，有人回应你时，你当时是什么感受？这对你们的关系有什么帮助吗？反过来，如果你对他人的需求和抱怨也能够积极回应，同样对你们的关系大有好处。

大多数时候，别人的要求和抱怨其实都不是什么大事，例如："你还记得我们的纪念日吗？""当你对我大喊大叫时，我真的很生气。""你能把牙膏帽拧上吗？""咱们说话时，你能认真点吗？"满足这些需求、履行承诺可能会占用你一些时间和精力，但这比争吵或冲突所要付出的代价要小得多。积极回应的另一个好处是，当你有所求时，他人也会积极响应。

完美沟通几乎是不可能的事情。人们在提要求或抱怨时，往往不直接说，经常含糊其词，夸大事实，纠结细枝末节，说谎，进行道德说教，指责，或为自己的不良行为、要求和威胁寻找各种借口，掩盖自己的真实意图。这就如同一根针掉进了稻草堆，你要找的是那根针，不要理会周围的稻草。记住，尽你所能找到那根针，确定合理的方法，然后坚持下去。

想想如果他人也这样对你，你会有什么感觉？在和他人沟通时，若你坚持自己的道德准则，独立自主，富有同理心，为人善良，无疑为一段健康、互助和充实的人际关系奠定了良好的基础。

本章要点

- 亲密度存在于所有关系中，而不局限于浪漫关系。
- 在"我们"中有一个强大的"自我"可以促进亲密关系。在与人交往时，建立恰当的边界感，坚持独立个性，有助于增强个人自主意识。
- 维持亲密关系，同理心不可或缺。在和他人共情时，我们的思想、情感和行动分别由不同的大脑区域负责。同理心是可以培养的，有了同理心，你就可以更加设身处地理解他人，与他人共情。
- 与其他心理资源一样，同情和仁慈可以在你的内心得到加强。承认痛苦的存在，看到我们共同的人性，不要把赞同和共情混为一谈，有意识地内化关怀他人的体验。
- 揪着别人的错误不放，容易陷入僵局、招致怨恨。最好的方法就是管好自己：不要管别人做什么，做好自己，恪守自己的道德准则。这不仅会让你体验到"无可指责的幸福"，同时也有助于减少冲突，提高别人善待你的概率。

第四部分

联结他人

第 10 章

勇敢无畏

智者是平静、友好、无畏的。

——佛陀

虽然在攀登高山时，我有过一些可怕经历，但我的焦虑多来自和他人的相处。我想多数人都和我一样。在人际关系中，我们需要勇气，一种发自内心的强大力量。

在本章中，我们一起探讨如何保护和捍卫自身权益，这不仅会带给他人安全感，同时，在与他人交往时，你也会充满安全感。首先，我们将探索一些技巧，了解如何真诚地说出心里话。其次，我们将介绍如何有效维护自身，以及如何修复关系。

坦诚相待

思考一段重要关系,可以是和伴侣、孩子、兄弟姐妹、父母、朋友或同事之间的关系。如果在这段关系中,你感到失望、愤怒或受伤,你会说出来吗?如果你欣赏或爱这个人,你会如实表达吗?如果你偶尔犯错了,你会承认吗?

把重要的事情憋在心里不说不问,很可能会招致怨恨,变得孤立无援,也可能因此失去发现真相的机会。在一段关系中,人们往往无法随心所欲表达自己的喜好,以及自己真正的希望。双方就像两艘小船,漂浮着,试图靠近彼此,但每一次闭口不言,就像一块沉重的石头一样落在两船之间,激起海浪,把彼此推得越来越远。

认真想想,在这段关系中,你们有多少话藏在心里,没有说出口?这给你们双方都带来了哪些影响?

不和另一个人谈论某些事,有些时候是因为不可能、不恰当或者让人觉得不安全。这时,我们就需要调动并发挥内在资源的力量,如自我关怀。有时,即使知道说出心里话没问题,但让我们完全敞开心扉也不是一件易事。要想避免情况恶化,说出心里话需要讲究技巧。在人际交往中,我们需要勇气保证安全感,才能真诚有技巧地说出自己的心声。

安全第一

真诚的交流是有风险的,比如情感的脆弱性,或把敏感话题摊开讨论可能会破坏关系。下面提供一些建议，有助于保证安全沟通。

保证自身安全

可悲的是，在很多人际关系中，存在着暴力或暴力威胁。如果有这样的风险，告诉那些可以帮助你的人，比如医生、牧师或治疗师，或向社会资源求助，比如拨打相关热线电话，向庇护所寻求保护。在一段关系中，任何人都不应使用暴力。尽管这可能很困难，但在提出其他问题之前，解决人身安全问题是很重要的。

另一个危险就是，被自己曾说过的话反噬。例如，如果离婚，关于孩子的监护权问题可能会争执很久。这时，切记不要心软或存有不切实际的幻想，也许那会让你好受一些，但不该相信的人不要信。经过深思熟虑，有些话你可能还是要说，但最好弄清楚，话说出去后，会带来什么后果。

还有一种危险需要考虑，那就是如果对方比较脆弱，与对方说心里话只会增加他或她的烦恼，适得其反。例如，在我父母生命的最后阶段，我并没有如实告知他们的病情，因为说了除了徒增烦恼，没有任何好处。

了解真实的自己

清楚自己所见和所感，以及自己真正想要什么，尤其是在一段关系中。花些时间，厘清自己的思路。想象着，自己对某位朋友或神灵诉说了一切，也可以将其写在一封永远不会寄出的信里。寻找合适的时机，在现实中找个人谈谈你们之间的事儿，看看到底发生了什么，并思考能做些什么。

探讨沟通方式

针对重要问题进行沟通时，不可能是一帆风顺的，过程中有争吵复又冷静都很正常，曲折前进，最终目的是平稳解决问题。如果沟通过程杂乱无章，毫无规律可循，那也没关系。但是，如果探讨的某些话题让人感到不安全，或者沟通偏离了正轨，又或者沟通毫无成效，那么谈论一下你们的对话可能会有帮助。如果对方不愿与你探讨沟通方式，那问题就很严重了，对任何一段关系都是如此。良好的关系是建立在良好的互动基础上的，如果不改变沟通方式，就很难改善彼此的关系。

当你准备探讨沟通方式时，认真思考一下，哪些事有助于沟通，让沟通顺畅；哪些事不利于沟通，容易引起他人不快。然后，真正开始探讨时，试着把注意力集中在对你们双方都适用，且从现在开始就可以执行的该做和不该做的事情上。这样，你们就不太可能因为过去的事而互相指责或争论不休。例如，你们可以就下面的问题达成一致。

- 给对方同样的时间发表自己的看法
- 睡前不谈论敏感问题

- 不要大喊大叫或威胁对方
- 不要在孩子面前争吵

确认双方对彼此用词的理解清晰明确,比如什么是"大喊大叫"或"争论"。你们也可以设置一个暂停规则。根据这个规则,任何一方都可以要求暂停沟通,暂缓休息一下,或者晚上不要讨论事情,第二天再继续,只要你愿意。

注意,有了规则,自己首先要遵守。如果对方不遵守,先沟通规则,然后再继续讨论你们的问题。最后,如果实在没法沟通,那就先不要讨论了。一般遇到这样的情况,我会这样说:"我确实想和你谈谈,但如果你继续用这种方式和我沟通,那就没什么好说的了。"

你无法左右他人对待你的方式,但你可以说出你的想法,然后,看对方会如何做。由此,你可以确定对方的意思,然后决定如何处理这段关系。例如,不再谈论某些可能会引起争论的话题。或者退出这段关系,不再联系。

分享体验,解决问题

多数沟通只是分享体验:"我喜欢你在会议上的演讲。""我饿了。""总是让我刷碗,气死我了。""那日落太美了。""我很担心我们的儿子。"还有一些沟通是为了解决问题,比如"这是我为新产品做的计划","请给儿科医生打电话","我希望你在员工大会上支持我","不，你没有及时回来参加家庭聚餐","如果不是你总打断我，我会好好听你说的"。

两种沟通都很重要，在人们的互动中，一般会同时出现，交织在一起。但尽管如此，二者还是有很大不同，如下图所示。

分享体验	解决问题
我怎么总遇到这种事？	我们该怎么办？
我感觉……	有……
我是……	你是……
个人的、主观的	非个人的、客观的
聚焦过程和关系	聚焦结果和解决方法
参与性的	旁观的
你是专家	关于事实或计划，他人有不同看法
你认为的事实	有说服性、影响力且执着

问题存在，必然要解决，关于这一部分内容，我们稍后探讨。但是如果存在问题，沟通就很容易变成争吵，特别是当一方因为这个问题被指责或者一方心里憋着委屈时。分享自己的体验时不太会引发冲突，如果你说"发生……真是太糟糕了"，另一个人可能会反驳，但如果你说"发生……时，我感觉很糟糕"，很少有人会说"哦，不，你不觉得糟糕！"你说的是自己的体验，并不是对他人提出要求，所以简单分享体验不太可能引起他人的反驳。所以，从自身体验出发进行沟通，他人很容易与你产生共鸣。

分享自身体验本身就是一件好事。此外，沟通解决问题时，一旦气氛紧张或产生争议，转而分享体验非常有帮助，也许可以分享你在沟通中的各种体验。如果你发现与对方的沟通在两种方式间来回变换，了解这种变换有时也会很有帮助。例如，如果你觉得自己在分享体验，但另一个人却开始试图指正你，即使是出于好意，也会让你心生不快。而且，这往往暗含一些信息，比如"我知道的比你多"，"我是老师，你是学生"，"我很健康，而你不是"。另一方面，如果你只是想解决一个实际问题，而另一个人却一直在谈论自己的感受，这可能也会让人很懊恼。就像一个人在跳芭蕾，而另一个人在跳探戈。努力就沟通方式达成一致——心照不宣也好，明确说明也好——这样才能进行后续的有效沟通。

沟通时，最好先分享体验，然后就解决问题进行沟通。当我们的孩子还小的时候，我发现了一个简单的道理，即"从参与开始"，这使我成为一个更好的父亲和丈夫。沟通时，要设身处地为他人着想，富有同情心，且心怀善意。参与时，要想增强参与感，重在分享体验，而不是分析或提出建议。当我们与他人建立联结感，共同解决问题就变得容易多了。

正语

人际关系是建立在互动之上的，而沟通交流是互动的基础。交流就像网球场上的截击一样，有来有往。轮到你"击球"时，你有很多选择，但这取决于对方刚刚说了什么，其中一些选择要比其他选择更明智。

"正语"一词含义丰富，但归根结底，在这里无外乎是指说话富有技巧和善意两方面。在你发表看法时，尽你所能表达清楚，且展现最大的善意。对方回应后，你再次拥有"击球"机会，也有了再次明智地表达态度的机会。这种互动本身就体现了单方面美德：不仅强调了你对自己所说的话负责任，而且因为知道自己尽力沟通了，你的内心也会获得安宁。说话讲究技巧，且心存善意，不仅对你自己有好处，也可以避免一些不必要的麻烦——若你的语气或用词不当等，另一方很可能揪着这些小问题不放，借以逃避你们真正要讨论的问题。

正语具体是什么意思？想想最近有没有哪段关系或哪次沟通让你心烦？例如，某次谈话演变成了争吵或者陷入僵局。认真阅读下面的建议，也许会对你有所帮助。

正语清单

对我来说，记住传统佛教对正语的定义是非常有用的。

1. **良好意图**：沟通是为了提供帮助，而不是伤害，不能基于恶意。

2. **真实**：不必什么都说，但说出口的话准确、真实。

3. **有益**：说出口的话能给他人、自己或对双方带来愉悦或帮助。

4. **时机**：说话要掌握恰当的时机。

5. 不刺耳：言辞和语气坚定，充满热情或激情都可以，但不能刻薄，带有贬低或侮辱性。

如果可以的话，还有一条标准也需要看一看，即：

6. 表达需求：认真考虑自己的话语是否冒犯了他人，尽管如此，依然可以在最恰当的时机，表明你的心声。

如果互动进行得很顺利，那就继续。但如果气氛变得紧张或感到尴尬，确认自己的言辞依然明智，尤其注意说话语气是否刺耳。很多时候不是我们说了什么，而是我们说话的方式最伤人、最让人受不了。用正语沟通时，用心体会一下自己当时的感受，包括你的面部表情、语调、手势和姿势。反复体验这种感受，丰富它，吸收它，让它成为你的一部分，养成明智沟通的良好习惯。

为自己发声

在沟通中，有一条经典的建议，即强调"我陈述"而不是"你陈述"。坦率真诚的人，也会鼓励对方这样做。举例来说，在评论他人的想法、感受或意图时，不要这样说："你故意的。""你想破坏我在队里的形象。""你根本不在乎。""你以为我是你妈啊。""你只考虑你自己。"相反，你可以这样表达你的感受:"你这样做,让我很受伤。""我觉得你伤害了我。""我觉得你不尊重我。"

非暴力沟通

非暴力沟通是马歇尔·卢森堡提出的一种结构化的说话方式。这种沟通方式很复杂,值得仔细研究,但本质很简单:"当 X 发生时,我感觉到了 Y,因为我需要 Z。"

在第一部分 X,把自己当作旁观者,尽可能客观、真实、详尽地描述事实。例如,你可以说:"当你没完成报告时……""我们约好了晚饭时间,你却迟了半个小时才回来……""我说话时,你根本不看我……""你几乎从不主动与我同床……""你父亲指责我不是一个好父/母亲时,你从不为我说话……"不要笼统地说,比如"在工作中犯错时……""你一点儿都不关心这个家……""你总是心不在焉……""你不喜欢我……""为了让你父亲高兴,你伤害了我……"

第二部分 Y,是关于你的体验,尤其是你的情绪、感觉和欲望,而不是你的观点、判断或解决问题的方法。继续 X 部分的例子,你可以这样说:"我很担心这个项目……""我很生气,不确定你是否会遵守承诺……""我内心很孤独……""我们的婚姻让我窒息,我很害怕……"但你不能这样说:"我觉得你又懒又不可靠……""我知道你宁愿工作……""你从不听人说话……""你不需要我……""你觉得我不是个合格的父/

母亲……"

第三部分 Z，代表一个或多个普遍且可理解的潜在需求。继续上面的例子，你可以说："工作中，我需要一位值得信任的伙伴……""我们的孩子需要知道他们在你心中的重要性……""我需要感受到有人需要我……""作为你的爱人，我希望有被需要的感觉，而不仅仅是孩子的父/母亲……""我希望伴侣对我忠诚……"但不能说："我希望你清醒点，认真对待这份工作……""我们的孩子不需要一个总是缺席的家长……""我需要你支持我……""我们一周必须同床两次……""我希望你不要再和你父亲说……"

有效沟通不一定非得遵循非暴力沟通结构。但如果我在和某人沟通时，气氛紧张或偏离主题，我就会使用非暴力沟通结构。通常我这么做的时候，沟通就会变得顺畅很多。

换位思考

人在激动的时候，很容易陷入自己的观点，情绪起伏很大，像坐情感过山车一样，这样容易忽视他人的感受。也许他们正为自己的孩子焦虑，因同事而烦心，或者有金钱压力。他们的反应受到许多因素的影响，恼人的头痛、迟到的公共汽车、童年的阴影，而这些都与你无关。当你和他们沟通交流时，必然会对你产生影响，但没必要把事情个人化，因为他们不一定是冲着你来的。

记住他人的优先事项和敏感问题，有助于顺畅沟通。如果有人容易焦虑，为什么要触发不必要的警报？如果有人对某些词语比较敏感，你可以试着用其他方式表达你的观点。如果一个朋友在童年时有过被忽视或抛弃的经历，你就会明白，为什么像一起吃午饭迟到这样的小事，都会让他很愤怒。有人非常重视自主性，而有人则更关心亲密关系。如果你和他人的关注点不同，想一些方法，在忠于自己的情况下，推测他人的优先事项，并帮助解决。

从某种意义上讲，我们的大脑中总是萦绕着各种问题，比如："你尊重我吗？""你会欺负我吗？""你知道我很痛苦吗？""你支持我，还是反对我？""你爱我吗？"当我们对别人心中的问题给出真实可靠的答案时，彼此关系会变得更好。通常回答只需一句简单的话、一个眼神，轻轻的碰触也是很好的回答。

你可能想要把某人从你的工作中、朋友圈甚至你的床上赶出去，甚至让某人彻底滚出你的生活。但是你需要把这个人从你的心中抹去吗？

捍卫自己的权利

即使在最能给予你支持、最积极的关系中，我们都要坚持自己的立场，哪怕方式有些微妙。这就像是在工作中，你提出了一个方案，然后尽力说服他人，或者在家里，你暗示需要更多帮忙但无人理睬，就明确提出要求一样。这么做可能看起来很无礼，

第 10 章　勇敢无畏

有些咄咄逼人，但如果别人可以说出自己的需求，并努力得到他们想要的，你为什么不可以。（从此处开始，我将采用"想要"的一般意义，即"希望、目标、愿望或需要"，而不是第 8 章中那个狭义上的，带有一定负面含义的"想要"。）

当双方诉求一致时，他们的关系也会很顺畅。达成一致很容易吗？我们家只有一台电视，我父母经常因为看哪个节目争吵，最后他们达成一致：奇数天电视归母亲，偶数天归父亲。（父亲开玩笑地说，这样母亲每年就比他多看 7 天电视。）如果每个人做了自己该做的事，关系也会很好。但现实生活中，这容易实现吗？如果稍做评论或些许调整就能解决这些问题，那当然太棒了。如果不能，那解决人际关系问题，就需要讲究一些技巧和方法了。

确定事实

有时，事实并不明显，或者人们对事实有不同的看法。不管存在什么样的问题，设法就相关事实达成一致。以事实为根据，有助于缩小问题范围。例如，某人上班多久迟到一次？吵架中说了什么难听的话？小孩做作业花了多长时间？对事实，人们可以有不同的看法，但事实就是事实，是真实存在的。

你可以独自一人，或与他人一起，花上一天或一周的时间观察到底发生了什么。你可能会发现，让你担心或生气的事，实际上都不是什么大事。或者，你也可能找一些更有利的证据，更有效地维护自己的立场。

阐明价值观

一旦事实清楚了,把它们与价值观联系起来,包括优先事项、原则和偏好。例如,父母可能都接受家庭聚餐少这件事,但对其重要性的看法可能并不一致。人们常常认为有些重要的价值观是显而易见的,每个人都同意,比如"我们当然应该在一起吃饭"和"我们当然不应该强迫青春期的孩子和我们一起吃饭",但事实并非如此。

面对某个问题时,认真思考对你最重要的是什么?它为什么重要?如果可以,弄清楚对方的价值观。试着深入了解对方的气质性格、成长环境、宗教信仰以及个人经历,正是这些塑造了每个人的价值观。看看你们两个人关心的事情有哪些相似之处,又有哪些不同。

有了抉择后,你就可以:

- 考虑对方的价值观,解释你的感受和需求。
- 解释自己的价值观。
- 划定影响范围,比如在某些方面遵循你的价值观,像工作中报告的格式、孩子看电视的时间等;而对于另外一些事情,遵循对方的价值观,比如人们在会议上如何发言、孩子在学校需要多努力等。
- 放轻松。如果一方很在乎某件事,而另一个人不在乎,就按照前者的期望去做。
- 有时为了满足某些需求，可以放弃某种价值观。例如，为了有更多的时间和孩子在一起，就不必纠结于家里是否足够整洁。
- 表明立场。如果某种价值观对你来说很重要，那就奋力争取，不管结果如何，坚定自己的立场。

专注于自己的目标

集中精力，专注于自己的目标，不要在意其他事情。例如，一位父亲来找我咨询，他的儿子易怒且孤僻，他迫切渴望和儿子建立更紧密的联结。在我的帮助下，这位父亲做了自我调整，我可以看到他的儿子开始向他靠近。但这位父亲故态复萌，总想给儿子一些人生建议，虽然本意是好的，但暗含批评，于是男孩再次把自己封闭起来。后来，这位父亲学会了如何维持父子间的亲密关系，随着时间的推移，二人关系变得越来越好。对他来说，最重要的是修复父子关系，而不是提出什么建议。

想想当你发表看法时，对方一直揪着无关紧要的问题不放，或者说话挑衅你，你会怎么做？虽然你控制不住想回击，但最好不要那样做，继续阐述你的观点就好。在这种情况下，我的脑海里就会响起《星球大战》里的一句台词："瞄准目标！瞄准目标！"

巩固成果

如果你一直想让某个朋友明白，为什么你们之间发生的某件事会让你受伤，最后也弄清楚了，那么这件事到此就结束了，就事论事，不要再牵扯其他问题。又或者你和你的配偶在深夜聊天，他慢慢地意识到你们的孩子在学习阅读方面确实有困难。那么明智的做法是，第二天再讨论如何与学校沟通，因为你们可能对这个问题产生分歧。

一次谈话就解决一个大问题，这不大可能，而且如果你连珠炮似的，一个问题接一个问题地追问，对方可能会觉得你咄咄逼人，在逼他做出回复。在沟通中，若你已经占据了上风，这时最好停下来，保护已获得的成果，比如对彼此情感更深层次的理解，或者对未来的某些行动明确达成的共识，等时机成熟后，再进行你的下一步。

关注未来

我母亲是一个十分热心的人，她表达爱意的方式就是不停地提各种建议。当我们的孩子还小的时候，她经常向我和我的妻子提建议，告诉我们如何抚养孩子，但是时间一长，我们就感觉很烦躁。所以我请我的母亲不要总是给我们提建议，如果我们没要求的话。母亲答应了我："哦，我以后不会那样做了。"到这里，如果按照以往的习惯，我可能会再多说几句，然后就和以前一样，我们会吵起来。但这一次，我机智地没说什么，只是小声嘟囔了一句："好的，我想那就没问题了。"然后事情就此打住。第二天，我看到我母亲又开始打算告诉我们如何更好地为人父母，但她很快意识到自己这样做不合适，就没再说了。她真的变了。没有争吵，在互相理解中，这件事就这样过去了。

有时，你确实需要讨论过去，目的是解释它对你的影响，或者你希望将来不要再发生类似的事情。但通常，这只会引发另一场争吵。对过去发生的事情，人们很容易产生分歧，这是因为，人们对过去的记忆可能不同，也有可能记错，也有可能掩盖或否认事实，让自己摆脱困境。聚焦无法改变的过去，可能会削弱你对未来或现在的影响力，偏离正轨。

选择一个重大事项，试着自己回答如下问题：如果对方真的听到了你的想法，会发生什么？尊重你的意愿？采取恰当行动？改变和你沟通的方式？还是会满足你的需求？

那么，从现在开始，想想你想要什么。描述一下，在思想、语言和行为上，你打算做出哪些改变？实事求是地说出你的想法，尽量具体，同时，不要纠结过去，也不要带有任何评判。可以使用改进版的非暴力沟通形式："往前走，如果我们能做 X，那么我就会感觉到 Y，因为我需要 Z。"如果没问题的话，也可以谈论另一个人，比如："向前走，如果我们能做 X，那么我认为你我都会感觉到 Y，因为我们都需要 Z。"如果另一个人对过去依然心存戒心，尽量不要牵扯其中，回到你们对未来的关注上。

请求，不要命令

人与人之间的沟通一般包括三个内在要素：内容、情感基调和对关系性质的含蓄陈述。我们往往最重视内容，但通常最具影响力的是情感基调和对关系性质的陈述。如果你总是以命令的语气说话，比如"接电话""把那个给我""你必须……"，或者"你不能做这个"——这意味着在你们的关系中，你爱发号施令。这不仅会容易惹怒对方，也会让你想要解决的问题更难处理。

沟通中不要命令他人，以请求的语气提出话题，有助于双方把关注点放在问题上，避免不必要的麻烦，降低沟通中的控制权之争。我们都知道，不能强迫他人做事。这从侧面突出了其他人的能动性和责任感。如果他们自愿而不是被迫和你达成了协议，他们就会遵守协议。

有时，用温柔和谦虚的方式表达你的请求非常有帮助，更容易让人接受。但有时在表达诉求时，你也需要表现出严肃坚定的态度。这让我想到了纳尔逊·曼德拉这样的人，他们道德高尚，他们令自己的事业尊贵而庄严。想一想自己钦佩的人以及他们的高尚品质，然后想象自己正向他们转变。在和他人沟通时，你就可以效仿他们，谦逊而又自信。最后，不管你温柔抑或坚定地提出请求，如果对方没有满足你，你都有权决定自己要做什么。

达成明确共识

如果我们和某人默契十足,那沟通时必然会十分顺畅。如果经常出现误解,或者对方似乎也不太愿意兑现承诺,那么明确共识就非常有帮助。

首先,明确你们想就什么达成共识,内容能多具体就多具体。明确"尝试""帮助""尽早"或"很好"等模糊词的准确含义。问问对方,达成共识后,他会怎么做。如果可以的话,把共识落实到书面,比如发电子邮件,写清楚新计划,或者在冰箱上贴一份家规。

其次,想想自己如何让对方遵守共识,或者可以给予哪些支持。问问自己,为了得到你想要的,你可以付出什么。如果合适的话,问问对方:"你怎么才能遵守共识?""需要我帮忙吗?""你怎样才能同意这件事?"有些时候,这些问题的答案和你们要达成的共识密切相关。例如,帮同事解决电脑问题,他就能尽快把你想要的报告交上来。

有些时候,要想让对方同意,你只能采取迂回的方法。绝大多数关系都会涉及平等交换。这并不是严格意义上的交换,只是一个常见的事实:"你不关心我的需要,我也很难在意你的需求。"无论你认为人们"应该"想做什么,但实事求是地讲,达成共识通常是很有效的一种方法:你满足对方某些方面的需求,同样地,对方也满足你某些方面的需求。

复原力

修复关系

刚骑自行车时,我们自然会朝着某个方向倾斜,因此必须不断修正方向才能继续前进。人际关系也是如此,无论是与朋友、同事、家人还是伴侣,即使关系最好时,也需要一个自然修正过程,这里我们称之为"修复",来消除一些小的误解,减少彼此间的摩擦。如果情况严重,你可能需要解决冲突,重建信任,或者对关系做出一些调整。

如果关系需要修复,就意味着亮起了黄灯,即关系出现问题,但可以处理,而且预计结果很可能不错。但如果关系出现裂痕,在你努力修复后,对方根本无视你的努力,或者这个人其实就是不愿意修复,这对任何一种重要关系来说,都是一个危险信号,等同于亮起了红灯。例如,在研究了多对夫妻后,约翰·戈特曼和朱莉·戈特曼认为,修复关系会影响两个人对彼此的满意度,也是他们的关系是否存续的一个主要因素。要想解决黄灯甚至某些红灯问题,认真理解下面的方法,也许会对你有帮助。

理性客观地沟通

沟通中,当我们被别人伤害或激怒时,很容易忽略某个重要细节,听错一个词,误解一个表情,或者妄下结论。我自己就曾有过很多次类似的经历。很大程度上,我们对他人的反应由两方面决定,一是我们对对方的评价,包括我们亲眼见到的以及我们给出的解释；二是我们的归因过程，即我们推断出来的对方内心的想法、情感和意图。例如，我的朋友没有接受我的邀请和我一起吃午饭，如果我觉得他是因为不想和我一起吃饭，才拒绝我的，我会觉得他不尊重我，因而很生气；但如果我得知他没有收到我的午餐邀约，而实际上他很想见我，那么这只是一个误会，也就不是个事了。

对正在发生的事一知半解，且常常因此做出令自己后悔的事情，意识到这一点，往往会让我们感觉羞愧。所以，请放慢脚步，找出事实真相。到底发生了什么？事情的来龙去脉是什么？客观地陈述事实，有助于事态的积极发展。对方是否确实与你达成了明确共识？也许这只是无意间造成的误会。例如，也许一个室友认为洗碗就是把碗碟放入洗碗机，而不包括把炉子和灶台擦干净。如果别人努力向你解释一些事情，那就一定意味着他们认为你很愚蠢吗？他们可能只是想提供一些帮助，虽然可能完全没有必要。

一旦弄清楚前因后果，有些事你可能就不会在意了。也许原本就不是什么大事，也可能是因为即使修复了，付出的代价也过高，不值得了。理性客观看待对方沟通问题的能力。或许，你可以提前做些工作，在一个中小问题变成大问题前，把它解决掉。

守住底线，保护自己

沟通中，一旦弄清楚了什么需要修复，就坚定地站在自己一边。如果有人贬低你，让你失望，对你发火，说一套做一套，无视你，越界，说你的坏话，威胁你，利用你，剥削你，歧视你，欺骗你，对你撒谎，或者攻击你，那么必定给你带来困扰。但记住，每个人都一样，你应该得到应有的尊重和公正。

有关你的一切，经历、背景或你做过的每一件事，都不会影响别人做过或没做过什么。如果你们之间的信任出现裂痕，可能是微不足道的小事，也可能是对方丧失了基本诚信，那就一定要注意了，必须想办法解决。例如，有些人在工作中能够遵守诺言，但对家人、朋友或伴侣却经常毁约，说话不算数，即使这些都是对他来说非常重要的关系。人际关系需要信任，而信任来自可靠。弄清楚自己可以从对方那里得到什么，有这种需求很合理，也很正当。

如果你指责别人的行为，那并不意味着你就是一个"没有判断力""自卑""歇斯底里"或"爱发牢骚"的人。特别是当你被伤害了，感觉自己像个"受害者"并没有什么错！奇怪的是，这个词仅仅描述了事实，却带有一种轻蔑的意味——从字面意义上看像是在责怪受到伤害的人。如果有人在人行横道走路，被一个酒醉的司机撞了，那个人当然是受害者，这没什么可羞愧的。在前几章我们介绍了很多方法，有助于你识别并释放内心的一些错误认知，弄清楚哪些是误会，哪些不是。

大声说出自己的感受

与人沟通时，相信并重视自己内心的感受，别人应该遵守承诺，应该尊重你。利用 HEAL 疗法，把这种信念刻在骨子里。

出了问题，先不要急着自我批评或否定，看看是否可以通过机智的言语，冷静地与他人沟通，修复关系。这可以大大增加对方接受你所言的可能性。在恰当的时机，承认自己在这件事中存在的问题。

让别人知道他们对你的影响。如果你不想告诉对方他们曾经对你的伤害，完全可以理解，因为这会让你在情感上感到脆弱。尽管如此，你依然可以理直气壮地说："这件事确实发生了，对我伤害很大，我认为这是不对的。"自我尊重，会让别人更重视你为修复关系付出的努力。

说出真实感受可能会让对方不舒服，你需要自己判断是否要这么做。有时为了和谐而放弃真相，也是可以接受的。但请记住，你自己也很重要。当别人试图修复和你的关系时，你愿意妥协，即使自己感觉不舒服，那么你也可以要求对方这样做。出现问题，尽快解决，不然时间长了，只会越来越麻烦。一味追求表面和谐、无视事实真相的人，往往最后什么也得不到。

调整关系，巩固基石

人际关系建立在信任、尊重和承诺的基础上。如果一段关系基础不牢固，就不可能安全，就像倒置的金字塔一样岌岌可危。不管在家里还是在工作中，如果你对某个人相当好，而对方却不愿给予同等回报，或者你对某个人敞开心扉，暴露你的脆弱，而最后他却利用这一切对付你，那么你可能就需要审视你们的关系了。

假设你试图修复一些问题，但情况并没得到改善，或者出于某种原因，你决定不做修复，那接下来怎么办呢？选择一段你想要调整的关系，把它想象成一个圆圈（你也可以在纸上画出来）。然后认真思考一下，想要减少什么，放弃什么，或者换个新方向。对于这个人，也许你已经意识到最好不要再借钱给他，不要和他一起出去喝酒，或者不要和他讨论政治话题，你们只剩下喝杯咖啡的情谊了。知道自己想要做出哪些调整，比方说有几件事需要改变，从圆圈中一一切割下来，这样你就会得到一个坑坑洼洼的圆，这就是目前你认为的你们之间最佳的关系状态。看到你们的关系变成这样，你可能会感到沮丧、失望、挫败或幻灭。切记要对自己有同情心。

也许有些事情是你无法改变的，比如你不得不照顾年迈的父母，或者在工作中不可避免地遇到某人。即使无法改变外界环境，但至少你可以坚守自己的内心，尽量减少他人对你的影响。

在一段关系中，你也可以适当改变一下自己，比如主动告诉对方你在做什么以及为什么，或者直接换个方式与之相处。接下来可能会产生三种后果：第一，你的改变促使其他人认真修复你们之间的问题，如果进展顺利，你们的关系可能恢复如初。第二，这个人或其他各方（如亲戚）可能会试图说服你，让你和以前一样。但请记住，在这段关系中，你有权做出改变，并记住你为什么这样做。第三,这个人可能接受你的改变,或者他根本没有发言权。例如,如果你不愿意,没有人可以强迫你回电话或电子邮件。

除非你对一个人有不可推卸的责任,比如孩子或病人,否则,任何关系,你都有权去改变。这可能会有一点不近人情,但也不是没有好处的。如果在内心深处,你对事情的进展感到不舒服或不开心,其他人通常也会感觉到,只是没有说出来罢了。当你采取行动,让一段关系变得更和谐,这对双方都有好处。

本章要点

- 我们最需要勇气的时候,往往就是和他人沟通的时候。
- 开诚布公的沟通是所有重要关系的基础,但这也存在风险。为了维护自身安全,要能够识别真正的危险,探讨沟通方式,区分解决问题和分享经验两种不同的沟通方式。
- 正语意味着说一些善意的、真实的、有益的、合适的、悦耳的话,如果可以的话,尽量说对方想听的。
- 沟通中,维护自身权益要讲究技巧,明确事实和彼此的价值观。聚焦自己的目标,巩固沟通成果,关注未来,一切从现在开始。沟通中提出请求,不要随便下命令，双方需达成明确共识。
- 任何关系本质上都是不稳定的，需要修复。如果某段关系出现问题，而对方不愿修复，这意味着你们的关系亮起了红灯，相当危险了。
- 修复关系时，反复确认你对事件的理解，然后坚定地站在自己一边。不要因为告诉他人自己被辜负、伤害或错待而尴尬。如果有需要，调整关系的亲密程度，以让自己舒服和安全为标准。

第 11 章

自我实现

告诉我，你打算用你那仅有一次的、狂野而宝贵的生命，做些什么？

——玛丽·奥利弗

人活着就要走向未来。我们不停地向着一个又一个目标前进：下一个人，下一个任务，下一个景象或声音，下一次呼吸。

本章主要探讨如何通过追求和实现对你来说很重要的结果，满足你的满足感需求。例如，加深一段亲密关系，找到一份更好的工作，或者在家庭或工作中找到新的方式。更重要的是，我们将探索如何在追求目标的同时，沉着冷静地面对所有事情。

尊重自己的梦想

一个人的人生轨迹，日复一日，年复一年，是由许多因素决定的。有些是不可控的，比如你的基因或出生地。但是，成人发展研究表明，人生虽然有起有伏，但努力克服问题，坚持学习，从他人处吸取经验，你依然可以影响事情未来的走向，实现梦想，包括童年的梦想。

回顾童年往事

孩子即使在很小还无法说话的时候，就已经知道很多事情了。例如，在我最早的记忆中，心中总是带着警惕、伤感的色彩。我和我的家人、其他同龄人以及其他成年人间，存在许多不必要的烦恼。其实没什么可怕的事发生，只是有很多不必要的冲突和争吵。回顾过去，我看到了自己内心长久的渴望，想要知道为什么会发生这样的事，并想为之做些什么。随着时间的推移，这种渴望一度成为我的人生目标。但在过去的很多时候，这种渴望都被我抛之脑后，彻底遗忘了。现在回想起来，那也正是我最迷茫、迷失方向的时候。

你呢？想想你最早的记忆和儿时深层的记忆，在你周围都发生过什么？你的渴望是什么？当你还是个孩子的时候，有什么是你无法用言语表达的？随着年龄的增长，度过了少年和青年时期，你的抱负、疯狂的想法和隐秘的希望是什么？回忆一下，你曾经幻想的伴侣是什么样的？你曾经想成为什么样的人？

然后想想那些梦想最后都如何了。每个人都有被忽略或未实现的梦想。它们就像埋藏在井底的硬币一样，隐藏在我们的内心深处。有些时候，我们不得不暂时放弃我们的梦想。但更多时候，当年被我们视若珍宝的梦想，现如今被弃如敝屣，只是因为我们觉得它们既幼稚又愚蠢。说服自己放弃追求那些既能带来满足感，又能对他人有所贡献的事情，是很容易的。鉴于此，让我们一起来看一下，妨碍你梦想成真的因素都有哪些。

他人的影响

我们天生就容易受他人的看法影响。想想你的父母、朋友和老师对你梦想的影响，想想谁鼓励过你，帮助过你，而谁又轻视、怀疑过你，甚至破坏过你的梦想。这一切对你今天的生活产生了什么影响？例如，你愿意向他人透露你的梦想吗？

想想你对自己梦想的态度。然后问自己："在这些态度中，哪些是我自己的，哪些受到了他人的影响？内心深处，我真正想要的是什么？对我来说，最重要的是什么？"

可怕的经历

有些时候，人们背离自己的梦想是因为惧怕体验一些可怕经历。例如，有人可能不会追求一段浪漫关系，就是为了杜绝被拒绝的可能性。令我们恐惧的经历形成了一道看不见的围栏，限制了我们的生活，使我们失去了很多应有的体验。

花些时间，认真思考一下，你费尽心思逃避的经历对你的生活产生了哪些束缚？有什么影响？想想那些发生在你身上的事，发生在其他人身上的事，或者你认为可能发生的事情。再考虑一下自己的气质。例如，有些人特别容易被人际关系影响，他们首先考虑的是避免那些会带来羞耻感的事，比如觉得自己做错了什么或"是个坏人"。也有人对安全威胁敏感，他们会想方设法避开会让他们焦虑的事情，比如出差乘飞机。回想一下你生命中的那个转折点，那个让你背离自己梦想的转折点。在那个时刻，你在逃避什么？现在，你会为了避开一些不好的经历，宁愿少说少做吗？想想如果你愿意承担这些风险，你的生活会有什么改变？

可怕的经历给我们的梦想蒙上一层厚厚的阴影。我们的多数恐惧源于童年，而今天，过去那些令我们极度恐惧、痛苦的经历，其实远没有那么严重、不可跨越了。选一个对你来说很重要，但一直被你搁置的事情，问问自己："我一直在逃避什么？"先考虑一下环境和人际关系，接下来试着深入挖掘，找出在这些时候，你害怕遇到的令你不舒服、紧张的经历。一旦确定了你不想冒险尝试的体验，认真思考下面的问题。

- 实际上，如果勇敢追求这个梦想，发生令你恐惧的事的概率有多大？
- 如果事情进展不顺利，会带给你多大痛苦？痛苦多久才会消失？
- 你会如何应对这种经历？有哪些内在力量可以帮到你？

- 实现这个梦想，会给你和他人带来多大好处？单纯追求这个梦想，会有什么好处？给自己点时间，感受一下这些好处。然后扪心自问：这些好处值得你冒险经历那些可怕的事情吗？

梦想的本质

这时，你可能会想："嗯，小时候我想成为一名电影明星，你是说我必须成为一名电影明星，否则我永远都不会快乐，是吗？"当然不是。梦想本身并不是成为"电影明星"。成为电影明星只是达到各种目的的一种手段，比如收获名声、表演的乐趣和经济上的成功。成为影星本身并不是目的。

人们经常把实现梦想的手段看作梦想本身。这不仅分散了他们对目标本身的注意力，而且往往会使目标变得遥不可及。选择一个重要的梦想，问问自己：关于这个梦想的本质，涉及哪些基本的情感因素和人际关系要素？实现这个梦想，除了当前的方法，是否还有其他方式可以实现这个梦想的本质，从而达到梦想追求的目标？

那会是什么样子？无论过去有过什么样的恐惧和束缚，从今天开始，为了你的梦想努力奋斗吧！想象一下梦想实现的感觉，用心体验这种感受，沉浸其中，让其成为你的一部分。在内心深处，看看自己是否可以看清这个梦想的本质，看看自己是否会对这个梦想说"是"。

爱、工作和娱乐

要想确认实现梦想的具体方法,我们先来看一下人生三个重要的方面。

- **爱**:友谊、亲密关系、抚养孩子、同情、仁慈
- **工作**:职业、事业、组建家庭、帮助他人
- **娱乐**:创造力、想象力、乐趣、爱好、快乐、惊讶、敬畏

花点时间评估一下每个方面,了解它们可能产生的交集。各个方面都还顺利吗?你希望哪些方面发生改变?

改善上述的每个方面,一个有效的方法就是在一定程度上,提升下列事项。

- **爱好**:能给你带来快乐的活动、情景和话题
- **才能**:你与生俱来的各种能力,比如写作、修理机器、幽默、烹饪、创作音乐、主持会议、面对压力冷静自持
- **价值观**:对你很重要的人或物,比如你的孩子或环境

把你的爱好、才能和价值观分别看作一个圆。如果其中两个

圆有重叠，那非常不错，如果三个圆都有交集，那再好不过。例如，如果你的工作恰好就是你的爱好，你擅长的事情与最关心的事情有交集，那么你就更容易获得满足感，进而取得成功。当然，还有很多因素与之相关，比如就业市场，但你一旦拥有了坚实的基础，其他问题也就迎刃而解。

思考一下，在你生活的每一个方面，如何才能增加你喜欢的、擅长的以及重视的东西。例如，在爱情方面，如果你和你的爱人在一起很久了，但现在相处得并不愉快，那么你可以和对方谈谈，并探讨如何解决这个问题。再比如，在工作领域，不想浪费自己的才能，你可以加入非营利性组织，运用自己掌握的技能为他人服务。

尊重自己的爱好、才能以及肩负的责任，这意味着你要突破传统，走自己的路。例如，人们普遍认为，孩子长大后应该知道"自己想做什么"，可能是医生、艺术家或宇航员。但是，许多成年人并没有一辈子只干一份工作。事实上，这很正常。在狩猎采集时期，我们的远古祖先就是多面手，并不是某个具体细分领域的专家。当你最终走到生命的尽头回顾过去时，你会发现，忠于自己，抓住机会实现自己的梦想，可能是最安全的选择。

充分利用时间

有句话说得好："日子很长，岁月很短。"一个小时，尤其是在无聊时，似乎都是没有尽头的。但随着时间一秒一秒地过去，一个小时就没有了。没人能预知未来,包括可能发生的事故或疾病。正如斯蒂芬·莱文所指出的,我们每个人都有那一天,生命只剩下一年,却不知道那一天何时到来。

生命很珍贵,但短暂脆弱,认识到这一点,不必恐慌。认真过好我们拥有的每一天,充分利用好每一分每一秒。

多年前,我经常向我的朋友汤姆抱怨:读研究生,再做博士后,然后才能成为一名心理学家,需要的时间太长了。我当时30多岁,已经厌倦了继续做一个学生。我抱怨说我40多岁才能取得执照,那个时候,我差不多已经老掉牙了。汤姆问我:"你就打算活到40岁?"我吓了一跳,说:"呃,是的,我是这么想的。""那么,"他接着说,"你想要什么样的结局?"

在那之后,我经常想起汤姆问我的问题。有些时候,有些事情根本无法改变。例如,想换个职业或者年龄太大想生孩子。但很多时候,人们过早认为机会不可挽回,轻易就放弃了。

考虑一个存在很久的愿望,比如创业,再次骑马,重新开始一段恋情,或者参观帕特农神庙,想象一下这个愿望5年或10年后才能实现,然后问问自己:"我就打算活到那个年龄?我想要怎样的结局?"

想象一下,你即将走到生命的尽头,回首过去,在你短暂的一生中,你曾经做过的哪些事,现在想起来,依然会让你高兴?

想到这里,你可能会发现自己胸中燃起了一团火,干劲十足,想要在事业上更上一层楼,或承接一个更大的项目。或者此时的你，更想完成一些小事，让人生不留遗憾，比如在医院做志愿者，定期冥想，与亲戚和平相处，回到教堂，参观大峡谷，学习弹钢琴，与孙子孙女亲近，或参与本地政治活动。这时，对你来说，也许真正重要的不是某件具体的事，而是一种存在的方式，比如变得更加无忧无虑，自我接纳，心中充满爱，轻松愉悦。

不管你想做什么，都重视起来。你可以把它写下来，做成一幅拼贴画，或者每天都记在心里。然后制订计划，列好实现梦想的具体步骤。想象一下，在你逐步实现梦想的过程中，你和其他人将会遇到的美好事物。利用 HEAL 疗法，反复巩固行动和成果之间的联系，这有助于你采取行动。想象一下梦想实现带来的美好感受，把它融入你的身心，然后行动起来，让你的梦想成为现实。珍惜每一天，把每一天都当作一个千载难逢的机会。

有抱负，但不强求

许多年前，我和我的朋友鲍勃以及我们的指导教练戴夫在科罗拉多州攀岩，大概花费了一周的时间。第一天，在攀登一个中级（5.8 级）难度的崖壁时，我努力多次但依然失败了，而鲍勃直接爬了过去。稍后，戴夫问我们这周的目标是什么。我说："我想挑战 5.11 级难度。"这是一个专家级别的难度。鲍勃，一个意志坚定、雄心勃勃、争强好胜的家伙，就是第 4 章中那个在穿越雪山时走在前面，为我们开辟道路差点冻死的鲍勃，大叫着说："你疯了，你永远也做不到，你会让自己失望的！"鲍勃是在替我考虑，他想保护我，不让我感到失望和尴尬。但对我来说恰恰相反。因为这是一个非常有趣的目标，追求它能够实现双赢：如果没完成挑战，我不会觉得羞愧尴尬；但如果我成功了，那感觉会非常棒。

我们每天都和戴夫一起攀岩，我的技术也变得越来越好。一周过半的时候，我的目标看起来似乎也不是那么疯狂了，鲍勃也因为可能实现目标开始感到兴奋。就在最后一天，我成功挑战了5.11级裂缝，一次失误也没有，顺利抵达山顶，我真是太兴奋了。对我来说，这就是一个典型的有追求但无执念的例子——有远大的梦想，全心全意地去追求，不管结果如何，都坦然接受。但知易行难。我们怎样才能在全速前进的同时，让自己待在绿区？

培养成长型思维

"成长型思维"一词来自卡罗尔·德韦克的一项研究。根据她的研究，重要的是人们通过努力学习获得成长，而非取得的具体成就。例如，在一场网球比赛中，如果一个选手遇到了一个比他强得多的对手，如果这个选手具有成长型思维，他的目标就会是提高反拍的技术，而不是得分。拥有成长型思维的人往往更快乐、更有韧性，也更容易获得成功。想象一个远大目标，从培养新技能、更好地理解他人或获取知识的角度，重新定义成功的意义。那么不管结果如何，你最终都是成功的。

这种态度有助于你树立远大目标。通常只要再多付出一点努力，就能完成更有意义的事情。远大目标有助于我们集中精神，自我激励，坚持不懈地付出努力。这看起来有悖常理，但事实是，目标越大，你就越有可能实现它。

学会接纳失败

失败很正常，并不是所有事都会成功。有一位禅师，他一生帮助了很多人，取得了很多成就。在他生命即将结束时，有人问他如何评价自己的一生。他苦笑着说："一次又一次的失败。"没有经历过巨大的失败，很难取得巨大的成功。如果你失败了，记住你不是一个人。

如果你志向远大，却惨遭失败，你是什么感觉？你可能会感到失望，觉得自己的努力白费了，害怕别人认为你没本事。这时，你感觉还好吗？你的生活还在继续吗？你的朋友还喜欢你吗？你还有其他机会吗？由于大脑的消极偏见，你所有的注意力都集中在那几处闪烁红色警报灯的区域。而稳定宁静的绿区往往被忽略了，比如他人的爱、躺在床上带来的舒适感、因拼尽全力和自信而保有的尊严和自尊。看看在你的内心深处，是否可以接受发生的一切。你可能不喜欢，但可以坦然面对。

有时，人们担心如果他们接受失败，就会变得自满和自暴自弃。事实上，越坦然面对失败，就越有可能成功。恐惧失败会给你带来沉重的负担，就像攀登人生道路时，背了一块巨石一样。

纠结于失败只会分散你的注意力，浪费你的精力。接受可能失败的事实，你就拥有了更多成功的机会。

勿有执念

要明白，很多成败其实不是由你一个人决定的。例如，在科罗拉多，我通过努力成功攀越了 5.11 级的山崖，但除此之外，还得益于很多其他因素——戴夫的技术指导、鲍勃的支持和友谊，以及我们最后一天的好天气——这些都与我无关。也许这恰恰也是现实中令我们不安的地方，塑造我们生活的许多因素都是我们无法控制的，包括环境、基因、历史、文化和经济因素。人生中很多大事都可能具有随机性——一次幸运的邂逅，在一堆简历中被发现，粗心司机误入其他车道。

如果一个人总是争强好胜，争取别人的认可，或者为一点点功劳就争吵，那么"我、我自己、我的"就占据了上风。试着放松自己。过于专注"自我"不仅会让你面临巨大压力，还会削弱他人的支持。此外，它还会让我们对特定结果产生占有欲，不到手誓不罢休，就像《指环王》中的咕噜对魔戒的执着："我的宝贝！"

让目标指引你

要想实现愿望，一种方法就是朝着它前进，愿望犹如一座矗立在远方的高山，等着你攀登。这个方法一时可能会奏效，但很快就会让人筋疲力尽。另一种方法是把自己交给愿望,让它带着你前进,就像在河中漂流一样,顺流而下。事实上,让意志服从愿望的指引,才会让人更舒服,也更容易坚持。

要了解这一点,请选择一个愿望,把它想象成一个与你分开、矗立远方、你正努力实现的目标。注意自己此时的感觉。然后再想象一下,这个愿望与你密切相连,正带着你前行,一路不停提升激励你。现在你又是什么感觉。记住这种感受,利用HEAL 疗法内化这种感受,将其融入身心。然后选择其他愿望,找到被提升和激励的感觉,丰富内化吸收这些体验,最后使之成为你的习惯。

付出

不管是爱、工作还是娱乐方面,很多行为都体现了对他人的奉献。想想在家或工作中,你对朋友、陌生人乃至整个世界大大小小的付出。虽然当时我们可能没意识到,但每天我们的确在付出,而且付出了很多。

当你把你做的事情看作一种奉献,行动时,你就会觉得更简单轻松,也更容易发自内心去做。即使是日常的、看似微不足道的小事也有了新的意义和价值,你的压力也会随之减少。多年前,一位德高望重的禅宗宗帅曾和我说,不要在意他人的反应,专注做好自己能做的事情。当时,他即将在旧金山的禅修中心发表他的第一次演讲,那对他来说非常重要,甚至是神圣的。我从新闻中得知，很多无家可归的人进入冥想大厅，他们对佛教根本不感兴趣，他们到那里仅仅是因为他们想去一个安全温暖的地方。带着一丝嘲弄和挑衅，我问他，对着这群根本不在意他说什么的人演讲，是什么感受。他看着我，好像我压根就没抓住重点。

我们面对面坐着，他做了个手势，好像把什么东西放在我脚边。"我只是在付出，"他说，"我努力给大家提供一场精彩的演讲，也许我会讲个笑话，让它更有趣。但之后就不归我管了。如何利用演讲，是他们自己的事。"他说这些话的时候，不带一丝冷漠和轻视，好像那些和他完全无关。他冷静地面对现实，知道不能强迫他人欣赏他的演讲，要想接近他们，也许还有其他更好的机会。

这让我想起了我家后院那颗果树。我们可以挑选一棵强壮的树苗，好好栽种，坚持浇水，但我们不能强迫它结出苹果。我们可以关注原因，但不能强求结果。因此，我们能做的就是付出。

清楚自己付出了什么

我们很容易忘记自己到底想要付出什么，特别是在复杂的情况或关系中。你可能会因为别人的期待而倍感压力，或者也可能会把成年初期获得的地位视作理所当然。于是，你自然而然就对自己有了清晰的认定，面对某个人或处于某种情景中，哪些是任务、工作、职责和目的，哪些不是。例如，当我和简成为父母时，我们必须弄清楚谁该做什么。我是个比较喜欢列任务清单的人，这有助于我在头脑中理顺作为一个父亲和丈夫的职责。这样我就很清楚每天该做什么，不再纠结于自己会不会犯错。

这听起来可能有点死板，但在实践中感觉非常自然、友好，而且也很灵活——哦，最重要的是清晰明确。当你知道你已经做了自己该做的，其他并不是你的责任时，内心会感觉平静祥和。

在和同事、朋友或家人的关系中，哪些是你该做的，哪些又是他们该做的？例如，对于十几岁的孩子，监督他们完成作业，在他们有需要的时候提供帮助，让他们清楚逃课的后果，这些都是你应该做的，但在学校学得怎样是他们的事情。再想想你的爱人，你可以给予爱、关注和感情，尽管有些心酸，但爱你是对方应该做的事情。

人们总是试图影响他人内心深处的想法：让别人按照他或她的方式思考、感受或表达关心。大多数失望和冲突都源于此。在适当的时候，你可以给出你的意见和建议，以及理由。这是你的付出，但剩下的就应该交由他们自己决定了。

必须注意的是，我们不能强迫别人快乐，即使是我们自己的孩子。尽管如此，对某些人的情绪和行为，尤其是家人的，负有责任感是很正常的。我们可以采用合理的方法提供帮助，比如关心某人的感受，或者带孩子去看心理医生。虽然有些意难平，但其他人如何对待我们的付出是由他们决定的。

假设你工作中有一个项目。想想你能做的和应该做的……然后再画一个圆把它们圈起来,这就是你应该付出的。你的整个职业生涯也是如此:开始参与,做准备,努力学习,投入时间,坚持不懈付出,做好自己应做的。然后你就会知道,无论你这一生的成功轨迹如何,少些努力并不会降低你的成功概率。有太多其他因素会影响你的成功。你可以是一个销售高手,但你不能强迫一个潜在客户接受你。你可以开店,但不能强迫人们走进你的店。做好你每天应该做的事情,不要执着于那些无法掌控的事情,不要让它们影响你。

寻找让你绽放的沃土

有时我们付出很多,但其结果就像把种子撒在坚硬的土壤上。回想一下你的活动和人际关系,看看是否存也存在这样的情况,一般都有迹可循。

- 与朋友交往,付出远超你所得
- 千辛万苦才能维持生意勉强运转
- 帮助那些并不需要帮助的人
- 想把事情做得更好,却让它变得更糟,好心办坏事
- 面对同样的人,却期待不同结果
- 为了蝇头小利拼死努力
- 沟通犹如在真空中,对方无回应
- 看病治标不治本,只想解决症状,不解决病源

第 11 章　自我实现

　　一次又一次全心全力付出，最后却得不到什么成果，带给人的往往只有伤心失望。你可能想要继续努力，希望最终会有转机。可能会有效吧。但通常，过去才是未来最好的预言家。扪心自问，事情真的会好转吗？是时候打破幻想幡然醒悟了。我们每个人都潜能无限，但时间有限。水泥地上长不出玫瑰，找块沃土播种，付出同样的努力，你和他人都会收获满满。

　　想想各种不同的关系、环境或活动，哪些会提供更肥沃的土壤。不保证一定会有成果，但概率要大得多。我们经常会有一种直觉告诉我们："试试这个。"考虑一下你的气质、天赋和深层本性：谁需要你拥有的东西？什么样的环境和活动能让你发挥出最好的状态？什么样的人会喜欢你？哪里让你感觉最舒适自在？

　　想想你生命中真正绽放的时刻。也许是每年夏天在姨妈的农场度过的一周，也许是高中时的一次演出，也许是工作会议上的一次精彩演讲，也许是给编辑写的一封充满激情的信。也可能是你带一群孩子去露营，做财务分析，维持工作稳定，给无家可归者的收容所捐赠食物，或者建立一个网站。确定了这样的时刻后，仔细观察它的特征。它最美好的地方是什么？

　　然后考虑一下，如何在你当前的人际关系、环境和活动中培养这些特质——也让它们也成为你的沃土。同时思考，如何进入一种全新的、适合你、对你有益的关系、环境或活动中：在这里，你可以获得滋养和欣赏，拥有一个可以喘息和成长的空间。

如果希望你的孩子或朋友拥有这样一片沃土,那么在你狂野而宝贵的生命中,也应该为自己寻找这样一片沃土。

 本章要点

- 年轻时,我们对未来充满了希望和梦想。一路走来,你的梦想发生了什么变化?
- 人们会因为各种各样的原因放弃自己的梦想。特别是当梦想和可怕的经历相关时,我们更是容易选择逃避。考虑一下,冒险挑战这些可怕的经历会给生活带来哪些变化。
- 在爱、工作和娱乐中寻找交集:哪些是你喜欢、擅长且在意的?
- 一天很长,一生却很短。好好利用你所拥有的时间。
- 志存高远,理性看待结果。拥有成长型思维,就会明白即使失败也没关系。同时也要清楚,世事岂能尽如人意,但求无愧我心。
- 付出时,尽己所能,并清楚后续一切发展不由你决定。

第 12 章

慷慨利他

给予是一种美德。

——《长部经》

像大多数小孩子一样，福里斯特喜欢吃甜食。在他上幼儿园的时候，有一次，我们去当地一家餐厅吃饭，邻桌是一男一女。结账时，服务员送来账单，还送来一块红色条纹包装的薄荷糖，我把它递给福里斯特，他立刻急切地拆包装。邻桌的男人开玩笑地伸出手，问道："可以把你的糖给我吗？"我们都以为福里斯特会舍不得。相反，他看了那个人几秒钟，然后把薄荷糖递给了他。那人明显有些吃惊，随后给了福里斯特一个大大的微笑，说："哦，不用了，谢谢你，你自己吃吧。"周围其他顾客也一直在看我们，这时都纷纷发出了赞叹声。就在这短短一瞬间，在拥挤的餐厅里，虽然只是小男孩的一个单纯举动，但我们都被他的慷慨打动了。

乍一看，慷慨可能不像是一种心理资源，但它不仅会充实你的内心，也会让你与他人建立联系。对他人慷慨同时也是对自己的馈赠，由此形成一个积极循环，你也会收获更多。

我们已经探索了许多方法来充实丰富自己，这让我们可以有更多东西给予他人。在这一章中，我们将从识别和扩大日常生活中的慷慨行为开始，然后讨论在给予关怀的同时如何维持心态平和，这有助于持续给予，而不会被耗尽。然后我们要探讨的是最重要，也是最难的给予，即原谅别人和自己。最后，我们将介绍如何将慷慨最大化，即扩大"我们"的圈子，让越来越多的"他们"加入进来。

利他就是利己

慷慨的本质是利他主义，给予而不求回报。在第6章我曾说过，利他主义在自然界非常罕见，因为吃白食者会利用他人的慷慨。而最大的例外就是我们的祖先——智人。在不断进化中，我们的祖先拥有了强大的社交能力，这样让他们有更多更有效的方式识别和惩罚那些吃白食的人。同时，一个人慷慨大方——一起分享食物，共同抵御外人的攻击——可能会增加他所在族群其他人的生存机会。利他主义的倾向得到了保护，而且又有价值，已经深入我们的DNA。在很多方面，我们都是慷慨的人。

在我们周围，慷慨的行为随处可见。有很多显而易见的例子，比如在咖啡店的罐子里留下小费或给慈善机构寄支票，以及其他各种形式的无偿捐赠。想想平常的每一天，你多次给予他人关注、耐心、帮助或鼓励。也许你对辛苦一天的同事表达关怀，也可能在人行道上捡起一个垃圾，或者帮助组织一次学校活动。与孩子、亲戚、朋友或你的伴侣在一起，为他们考虑，你可能会做一些你并不喜欢的事。

当然，这并不意味着你的给予是被迫的，或者你被利用、被操控了。如果你的慷慨是被迫的，必然会对你造成伤害。此外，原本可以得到你帮助的人，也会因此丧失机会。学会保护自己，不要过度付出，只有这样，即使再多付出一些，你也会有安全感。所以，如果一段关系失去平衡，改变自己，只付出你想付出的。

你付出的一切，不论什么，既不会因为你不再给予而减少，也不会因为你从别人那里得到什么而减少。走过的每一天，注意自己对他人的付出。慢下来，用心体会慷慨带来的感觉，让这种感觉渗入你的内心。承认自己是一个慷慨大方的人。用心体会，当你这样看待自己时内心的感受。这可能会让你敞开心扉，心中充满爱，同时，感受到自身价值。给予会带给你快乐，反过来，快乐又会让你乐于继续付出。

在我们能够给予的时候，如果没有付出，内心也会痛苦。有爱，却发现无人可爱；有才能，却没有施展的地方。许多人内心的痛苦源于他们想付出，却找不到付出的目标。因此，最重要的一点是，为你的付出找到流通渠道，关注日常生活中一些微不足道的小事。让人惊讶的是，为他人的生活添彩竟如此简单，只需给予一点点赞扬，或者是更长时间的关注。选一个人，寻找合适的方式，特意表达你的欣赏或提供帮助，观察一下自己的感受，再看看其他人是什么反应。

选一个朋友、家人或者同事，想想有没有什么是你想要给予的，比如爱的温暖、实际的帮助，或者道歉，但最后你却放弃了。也许你有一个很好的理由。但有时我们太专注于我们想要给予的东西——反复思考人们会如何反应，修正每一个小细节，或者等待绝对完美的最佳时机——这往往让我们裹足不前。不要自我纠结，把注意力放到他人身上，看看会发生什么。他们需要什么，他们的渴望是什么，他们哪里受到了伤害，你如何才能帮助他们？

慈悲喜舍

"关怀"一词的意思是"一起承受"。看到他人痛苦，我们会有同感，这是做人的根本。那么，在与他人的痛苦共情时，如何才能确保自己不被他人的消极情绪传染，一起沦陷？

要想一直对他人给予关怀，我们需保持内心冷静，这是一种内在的减震器，介于内心深处和任何流经意识的东西之间。有些体验是第一镖，比如共情别人的痛苦。如果能够保持内心平静，这些痛苦就不会成为第二镖，把你推入应激反应红区。这样，你就有机会纵览全局，看到痛苦中可能隐藏的甜蜜，以及导致痛苦的许多原因，其中大多数是非个人的。例如，我的一位老师曾给我描述过一个画面：一天黎明，她乘坐小船沿着恒河顺流而下时，发现左边是美丽的玫瑰塔，而右边是冒着浓烟的火葬堆。她说，我们需要培养一颗足够宽广的心，包容生活的这两个方面，同时也需要有足够的智慧平衡它们。内心平和，才能不被他人的痛苦淹没冲垮，也有助于你更好地理解他人的感受。

在本书中，我们已经探讨了很多保持心态平和的方法。在给予关怀的同时，要保持冷静，这有助于你更客观地看待问题。共情他人的痛苦时，也要给自己留有喘息空间。我们需要反思一个事实：痛苦只是一个巨大的因果网络的一部分。不是为痛苦辩护，也不是看轻痛苦，而是希望你能够坦然接受它，从全局的角度深入理解它。注意关怀他人时，内心平和的感觉。记住这种感觉，让它融入你的身心，将来你就可以再次利用它了。

面对巨大的苦难，人们通常会产生绝望的感觉，其根源往往是觉得自己做得还不够。如果发生这种情况，采取行动可能会有帮助，因为行动可以缓解绝望。有这样一个故事：两个人在海滩上漫步，在数英里的海滩上，成千上万的海星被潮水冲上岸，炎炎烈日下，很多海星都奄奄一息。其中一个人每走几步，就捡起一只海星扔进海里。过了一会儿，另一个人说："太多海星了，你这样做没有太大意义。"第一个人回答说："但对我捡起来的那些海星来说意义重大。"

复原力

想想你生活中的人，包括那些你不太了解的人。你能够为他做些什么吗？即使看似微不足道的小事，也值得让人感动。想想人类和其他动物，看看有没有什么是你可以做的？不是要加重你的负担，而是想帮助你击退无助和绝望。要知道，很可能又有一只海星被你送回了大海。

回忆一下，你曾做过哪些事帮助他人，你现在又在做什么？想象一下，这一切是如何以有形或无形的方式对周围的一切产生影响的。你虽然已经付出了很多，但这个世界依然充满痛苦，这是不可否认的事实，清楚这一点，有助于你向他人敞开心扉。

原谅他人，善待自己

如果有人真的虐待了你，或者对你犯了一个严重的错误，或者对他人做了这些。你解决了这件事，并坚信自己没有做错。然后呢？如果可以的话，慷慨一些，原谅对方。

彻底原谅

我认为原谅有两种。第一种是彻底原谅。不管发生了什么，一笔勾销，让事情彻底过去。你不要求赔偿、惩罚或偿还债务。你知道发生的事情是不公正的，违背道德，甚至是在犯罪，但你依然希望对方过得好，甚至还爱他。错了就是错了，正义依然存在，不因个人意志改变，但你无怨无悔。你理解他们做错事的原因。你同情他们，觉得他们是因为本身遭受了痛苦，才会有错误的行为。你看重他们作为人的优良品质，并且愿意给你们的关系一个新的开始。

虽然任何形式的原谅都是单方面的，但作为个人选择，它也会受到他人行为的影响。有些人犯错之后，能够承认自己的所作所为，并真心悔过，愿意做出弥补，也会积极采取措施防止再次发生类似的事情。这样的人更容易获得彻底的谅解。

尽管如此，即使有些人已经采取了这些措施，但是对于那些做错事后毫无作为的人，你可能依然觉得无法彻底原谅。你可能认为再多的悔悟也无法将往事一笔勾销。或者你可能觉得总有一天会彻底原谅，但现在你还没有准备好。也许你还处于震惊之中，伤口还没愈合，悲痛还太过强烈。也许你还需要时间来确定，那些错待你的人是不是还在妄图操控你，他们乞求原谅只是为了再次伤害你。或者你想要确定，自己是不是因为他人的劝说才彻底原谅的——有人会和你说，发生的事情没有那么糟糕，并不停地劝说你。

有时候，不管出于什么原因，彻底原谅根本不可能。但你也不想深陷过往伤害不能自拔，不愿总是想起曾经的痛苦和愤怒。

解脱式原谅

此时，解脱式原谅就很有用了。无关道德，无关同情，更谈不上关系恢复如初，因此，解脱式原谅更容易实现。若以这种方式原谅伤害你的人，带来的后果很可能是，这个人否认所有曾经的伤害，甚至责怪你。但对你而言，问题结束了，你已经释怀了，让自己获得了解脱，已经整理好心情，可以继续前行了。不管对方做什么，你都在努力帮助自己稳居响应模式（绿区）处理问题。

虽然你释怀了并原谅了，但为了正义，你依然可以寻求补偿或惩罚，但你不会心怀恶意或去报复。他人的伤害，是你不得不面对和解决的第一镖，但不要再给自己插上第二镖，即不要指责、不要怨恨或激怒你的家人和朋友，因为没有必要。如果你想疏远或结束和某个人的关系，如果是为了保护自己，那就去做，但不要为了报复那些伤害你的人这样做。以后，每当想起曾经的伤害，也许依然会有刺痛感，但不会如口腔疱疹一样，每一次呼吸都痛，那已不再是你关注的焦点了。

很多人一开始为了解脱而原谅，发展到最后，往往会彻底原谅。但这并不是绝对的。如果原谅是一座两层楼的房子，你要知道，自己没有义务必须爬到二楼——彻底原谅——这会让你更容易进入房子的一楼。

原谅的基础

这两种原谅都需要三个基本条件。第一，时机成熟。原谅是一个过程，各个阶段类似于伊丽莎白·库伯勒-罗斯提出的悲伤模型。

- 否认："我不敢相信竟然发生了这样的事情。"
- 愤怒："你怎么敢这么对我！"
- 谈判："听着，只要你认错，这事就算了。"
- 失望："我感到伤心、痛苦和沮丧。"
- 接受："事已至此，就这样吧。我还得继续生活。"

最后一个阶段是主动原谅前的过渡阶段。进入这一阶段后，运用 HEAL 疗法内化这种感受，将其融入内心，使其成为你的一部分。

第二，说出真相。完整讲述整件事，否则你很难彻底原谅：事实是什么？此事对你和他人的影响，以及你内心深处是什么感觉？明确自己的价值观，然后问问自己："我觉得哪里错了，为什么？"在心中确定自己对事情的判断，既不要夸大也不要弱化。弄清楚这一切是如何降临到自己身上的。换句话说，对自己说实话。

另外，如果你愿意的话，可以和他人分享部分或整件事情。当你被冤枉的时候，有人和你站在一起，有助于你保持心情平静，并让你感觉安心和温暖。也许他们也无能为力，但可以作为盟友，给你做个见证。当你感受到他们的理解和关心时，敞开心扉，接受它，让它温柔抚慰你的内心。

然后，如果感受到了足够的安全感，你可以试着和你想要原谅的人谈谈（具体方法可以参考第 9 章和第 10 章的内容）。在你讲述了发生的事情，以及它如何影响你之后，对方可能会深吸一口气，然后真诚地向你道歉。但如果对方拒不认错，还寻找各种借口或反过来指责你，那么问问自己："我能为自己说些什么？"这并不是要你说服或改变对方，这不是你能控制的。为自己发声只是一种公开表态，表明你是自由的，且无所畏惧，有能力捍卫自己的权益。

第三，认识到不原谅他人的代价。承认自己在生活中因为怨恨和痛苦付出了惨痛代价，承认这样的态度也伤害了其他人，这同样会让你感到痛苦。与他人交往中有被利用或被欺负的感觉，太常见了。

自我解脱

至此，如果你觉得自己已经准备好，就可以开始解脱式原谅了。如何自我解脱，下面的方法非常有用。

选择原谅

清楚知道自己要原谅。集中注意力思考，这样做可以给你或他人带来哪些好处。此时要留心那些暗藏的回报，也就是治疗师所说的"继发性收益"。例如，正义的愤怒带来的快乐，这会让一个人总觉得意难平，满腹抱怨。

了解他人的情况

不要小看他人的行为,试着从他们的角度看问题。是什么导致了他们的行为?也许是他们的价值观和道德标准与你的不同,也可能是对你来说是严重的冒犯,对他们来说根本就不是什么坏事。你可以继续坚守自己的价值观,同时也要知道,他人也有自己的行事标准,他们也只是在按照自己的意愿做事。

此外,他们可能只是饿了、累了、病了,或感觉心烦意乱,或有了压力。也许他们最近收到了可怕的消息。也许他们只是不懂。考虑这些可能性并不是为不良行为找借口,而是希望能更全面地了解情况,以便能更平静地对待它。

对自己的体验负责

每个人都要对自己的言行负责,但我们会对他人的言行有反应。如果在世界各地,有 10 个不同的人遭受了同样的虐待或不公平对待,他们的体验会存在很大差异。这并不是说某人的反应是不恰当的,而是说每个人的反应都取决于他们的想法。认识到这一点并不会让你的体验变得毫无用处,反而会让你以更平和的心态看待它,帮你得到解脱。

知道自己想要什么

根据发生的事情决定自己的行为。例如,可以写一封信,不参加家庭聚会，打电话给律师，不再向某人吐露心声，换一个管道工，或者只是观察和等待。不管其他人做什么，专注于自己要做的事情。知道自己的计划并有了具体方案，知道自己不是孤立无助的，这会让你平静下来，集中精力，同时也会让你更愿意原谅对方。

放下恶意

释怀，原谅对方，但你可能依然不喜欢那些冤枉你的人，也可能会对他们采取行动。但释怀意味着你正在放下敌意，不会去报复。

要做到这一点，要先找到心中的怨恨感，然后长呼一口气，放松自己，慢慢把这种怨恨感排出体外。把恶意想象成一块巨石，你正在慢慢放下它。你也可以捡一块真正的石头，想象它包含了你所有的复仇欲望，然后把它扔得远远的。你可以写一封永远不会寄出的信，记下你所有的苦涩、轻蔑和愤怒，然后把它撕碎、烧掉，把灰烬洒到风中。运用 HEAL 疗法中的连接法，将"解药"体验带入恶意中，削弱恶意，一点一滴地，直至最终取代它。例如，你深切感受到了他人的关心，同时意识到内心的怨恨，就可以把关心体验当作"解药"，借以消除心中的恶意。

学会放下、释怀和原谅，你会喜欢上这种感觉。记住这种体验，丰富它，让它融入你的身心，探索它的新颖之处，并认识到它对你的重要性。用心体会释怀和原谅的感觉，集中注意力，好好吸收这种体验。深呼吸，解脱自己。

彻底原谅

几年前，当我们的孩子还小的时候，邻居家的一棵大树倒在了我们家后院，撞倒了我们两家之间的院墙。我们请邻居处理这棵树，他答应了，但几周、几个月过去了，他没有采取任何行动。我找他沟通，他笑着承诺我一定尽快处理，但事实上他什么也没做。太荒谬了，我快气疯了。但愤怒对我和我的家人毫无用处，于是我尝试着让自己放下、释怀、原谅对方。我在内心安慰自己："只是倒了一棵树而已，又不是烧毁了我们的房子。"我不能因为这么一点小事就把自己气个半死。我清楚自己要做什么，这有助于我原谅他。我给邻居写了一封信，礼貌但坚定地告诉他，我们的保险公司将与他联系。在他收到信的第二天，也就是那棵树倒下大约五个月后，有一群人来到我们的后院把它移走了。

但我们之间的关系仍然很尴尬，我得想个办法，彻底原谅他。所以我把他看作一个立体的人，而不是一个平面的"坏邻居"。他年纪大了，独居在一所破旧的房子里，周围都是干草和杂草，从来没有人去看过他。我记得，他很喜欢去他院子玩的浣熊，他会给它们准备食物。万圣节那天，当我们的孩子到他家门前时，他给了他们很多糖果。我看得出来，他心地善良，可能是因为没有钱，顾虑搬树的费用，再加上孤独和年纪大了，他才一直没有行动。想明白了他没有挪树的诸多原因，我十分同情他。我回想起他曾试图向我道歉，一想到当时自己的漠视，我也退缩了。我想象着从外太空看那棵树，它可能只是一个极微小的斑点。我再次体会到了佛陀的教诲：人终有一死，很多人没有意识到这一点，但那些意识到的人，解决了他们的争端。

通过这些步骤，我在心里彻底原谅了他，此后我们一直相处得很好。几年后，当他去世时，我感到很难过，但又很高兴自己能在他有生之年与他和平相处。现在，回头看我的邻居和那棵树，我从中学到了很多有用的东西。

看到他人之苦

当我们感到震惊、受伤或愤怒时，很容易以偏概全，因为一个人做过的某件坏事而认定这个人就是这样。但事实是，一个人包含很多方面：有很多善良的方面，有复杂的人生经历，也有自己的梦想和希望。当我们看到整体，就不难原谅部分。每个人都有痛苦，包括那些伤害我们的人。当然，一个人遭受的痛苦、损失和压力不能成为他伤害他人的借口，也不是获得原谅的理由。但同情他人的苦难，有助于你释怀，更容易原谅他人给你带来的负担。正如亨利·沃兹沃思·朗费罗所写："如果我们能了解敌人的秘史，我们就会发现每个人生活中都充满了悲伤和痛苦，从而消除所有敌意。"

有时，人们直接向你道歉，态度真诚。但有些时候，他们可能不会承认任何错误，但你可以从他们的行动中看到他们内心的改变。试着看看他们的努力，即使是含蓄的或不完美的，他们正在主动修复造成的伤害，请求你的原谅。

拥有大局观

无论发生什么，把它置于你整个生活背景中思考，包括人际关系和各种活动。想一想，你生命中还有多少分钟、多少年，还有多少部分，不会被发生的事情影响。以更广阔的视角，从各个方面审视发生的一切，就会明白，因为许多因素的推动，才导致了事件的发生，就如同浩瀚河流中的一个漩涡，不会凭空出现。这种观点乍一看可能很抽象，但对于你要原谅的事实真相，是一种感知上的认识：多个部分和无数原因共同导致事情的发生，而且还在不断变化。看到和感受到这些，可能让你释怀，自然而然地放手，最终完全宽恕。

原谅自己

许多人发现，原谅别人比原谅自己容易得多。关怀、站在他人的角度、看人看全面、放手、一笔勾销，你能够慷慨给予他人这一切，那么对你自己呢，也会如此慷慨大方吗？

原谅自己的第一步是为自己的所作所为负责。对自己坦诚，承认发生的一切，当然也可以向他人坦诚。如果人们根本不承认自己的错误，就很难获得彻底原谅。同样，自己犯了错，如果不能最大限度承担自己应负的责任，就不可能完全原谅自己。承认你应负的责任，有助于你知道，如果需要的话，还可以向别人主张你不应该负责的事情。例如，一个错误行为，如果你有3分错，就负3分的责任，虽然全责是10分，但剩下的不是你应该承担的。

承担责任时，感到悔恨很正常，但要适度。根据责任认定决定自己的行为。如果你只有3分的错，3分的悔恨是应该的，4分就已经不合适了，更不用说10分的自责了。敞开心扉，全身心体会悔恨的感觉。悔恨往往呈螺旋状逐层释放，首先是表层悔恨……然后是更深一层……直至最深的一层。充分体验悔恨，有助于创建自我原谅的空间。

同时，尽你所能去修复和弥补。如果可能的话，收拾残局，多做些努力，诚信做事。其他人可能会拒绝你的努力或怀疑你的诚意。如果你一直坚持释放善意，随着时间的推移，他人很可能会释怀并原谅你，甚至最终彻底原谅。但重点不是证明你自己，或者获得他们的认可，而是因为你这么做是对的，而且对你也有好处。

还要明白自己行为背后的原因。在你的脑海中，在纸上或通过与某人交谈，反思自己的行为，看看哪些行为是由你的生活经历、文化背景、健康状况、气质导致的，哪些是因为你父母和其他人的行为示范，哪些是压力导致的，以及在你采取行动前，发生了哪些事情。

回忆一下大脑的进化过程。我们的大脑里有一只蜥蜴、一只老鼠和一只猴子，想想它们如何塑造了你今天的行为。你的行为只是原因长河中的一个漩涡，若一直向上追溯……从你的父母、他们的父母、他们父母的父母，一代又一代向上追溯，可以追溯到几百年、几千年前，甚至更久远。以这种方式看待事物让人感到谦卑，但也会让人解脱。无论你做了什么，都是多种力量协作的结果，所以可以肯定地说，这并不全是你的错。无论错有多大，在时间和空间的长河中，它都只是微不足道的一小部分。

如果你愿意，主动寻求谅解。这可能会让你觉得脆弱和不安，但发自内心的道歉往往更容易令他人敞开心扉。如果无法寻求当事人的谅解，那就向其他相关人士寻求原谅或理解。试着想象一下，你的朋友、亲戚或其他人，包括今天还活着或者已经离开的，坐在你身边，对你说原谅。如果对你有意义，你也可以乞求上帝的宽恕。

最后，原谅你自己。你可以在心里对自己说："我原谅你。"或者给自己写一封原谅信。在很多不同场合，我都对自己说过："里克，你搞砸了。你真的伤害了别人。但你已经承担了责任，并深感懊悔，也尽你所能去弥补了。你要保证再也不会做这样的事了。别人已经原谅了你。我也原谅你。我宽恕了我自己。"想一套自己的说辞，当你对自己说这些话时，可能会感到放松和释怀。彻底原谅自己，给自己一个全新的开始。

扩大"我们"的圈子

生活中,我们会习惯性地把人分成两类:像我的和不像我的,那些和我属于同一个群体的(也许是基于性别、种族、宗教或政治信仰)与那些和我不属于一个群体的,即"我们"和"他们"。研究表明,我们倾向于对"我们"慷慨,而对"他们"挑剔、不屑一顾和充满敌意。"我们对他们"的冲突一般发生在家庭、校园、办公室里,或在制定公共政策时产生,有冷战也有热战。我们是部落生物,经过数百万年的进化,我们与"我们"合作,而对"他们"充满了怀疑和攻击性。

想想你生活中的"他们",比如你不关心的亲戚、不同种族或宗教的人,或者与你存在政治分歧的人。在你想起他们时,注意你感受到的所有威胁感、紧张感或防备感。对个人来说,他人的"他们化"会让人产生压力,不利于友谊的发展和团队合作,同时还会加剧冲突。对整个人类来说,在石器时代,"我们"对抗"他们"是非常有益的,但今天有数十亿人生活在一起,相互依存,伤害他们就是伤害我们自己。对你而言,扩大"我们"的圈子不仅是对他人的慷慨,对你也有好处。

如何扩大"我们"的圈子?首先想想那些关心你的人,然后花点时间,用心感受被欣赏、被喜欢和被珍惜的感觉。接下来,想一个正在遭受痛苦的人,敞开心扉,对他给予同情,感受爱在身体里流淌。

然后想一个你所属的群体。探索"我们"的感觉：感知身体此时的感觉，以及相关的思想、情感、态度和意图。注意我们之间所有友情、友好或忠诚的感觉。

了解"我们"的感觉，开始扩大你的圈子，让越来越多的人进来。考虑一下那些你认为与你不同的人，看看你们之间的相似之处，可能会有这样的想法："你有时也会头痛……你也喜欢吃美食……像我一样，你也爱你的孩子……就像每个人一样，你和我总有一天会死。"选择一个相似之处，想象世界上所有与你相似的人站在一起，成为"我们"。也可以尝试一下其他相似点。

选择一群让你感到威胁或生气的人。然后把他们想象成小孩子。想想是什么让他们成为今天的样子。回想一下他们的生活，其实和你的一样，在很多方面存在着难处。了解他们的负担、烦恼、损失和痛苦。对他们给予关怀。弄清楚，共同的痛苦是如何把我们团结在一起，构成一个伟大的"我们"的。

想象一下，"我们"的圈子里都是你最亲近的人。然后扩大"我们"的感觉，包括越来越多的人，在你的大家庭、社区、朋友圈、工作场所、城市、国家、大洲，乃至全世界。包括和你相似或不相似的人，你恐惧或反对的人，富人和穷人，老人和年轻人，认识的和不认识的人。扩大"我们"的圈子，把每个人都包括进来。继续进一步扩展"我们"的圈子，包括所有生命，陆地、海洋和空中的生物，植物和微生物，我们共同生活在一个蓝色的星球上。这是"我们"共同的家。

说到圈子,我们又回到了起点:对自己和他人的关怀。真正的关怀是主动的,而非被动的:它偏爱苦难,想要提供帮助。要想慷慨提供这种帮助,你要发自内心地给予,调动各种内在力量,比如勇气、感恩,以及我们共同探索过的其他力量。随着你的成长,你付出的也越多。在你付出时,世界也会给予你回报,帮助你获得更强大的复原力。

本章要点

- 人类天生是无私的。大多数慷慨与金钱无关。感恩自己是一个给予者,这将有助于你继续给予。
- 关怀他人时,要想不被他人的痛苦拖垮,我们需要保持内心的平静。了解痛苦发生的大背景,尽你所能采取行动,清楚自己的付出。
- 原谅有两种方式。即使不能彻底原谅,你也可以站在他人的立场,有意识地选择原谅,放下怨恨,让自己解脱。
- 要想彻底原谅一个人,就要全面审视这个人,理解他的多面性,了解他内心深处依然存有善意。同时,要有关怀之心,承认悔恨,把发生的所有事情都看作是原因之河中的一个漩涡。
- 彻底原谅自己,为你所做的所有事情负责,适度悔恨，弥补过失，请求原谅，同时主动宽恕自己。
- 一天之中，我们多次把人分成两类，即"我们"和"他们"。我们倾向于与"我们"合作，但害怕和攻击"他们"。扩大"我们"的圈子，慷慨地接纳"他们"，所有人都应该和平共处。
- 培养内在力量，如关怀之心和勇气，你就会越来越快乐，复原力也会越来越强。这样，你就可以更多地给予他人，他人也会回馈你更多——呈现一种精彩的螺旋式上升状态。

致谢

本书参考了大量学术文献,文献涵盖幸福、复原力、神经可塑性等相关主题研究。要感谢的太多,但因篇幅有限,无法一一列举,在此,谨向如下诸位致以诚挚敬意:理查德·戴维森、吉姆·多蒂、安琪拉·达克沃斯、卡罗尔·德韦克、丹尼尔·埃伦贝格、芭芭拉·弗雷德里克森、克里斯托弗·杰默、保罗·吉尔伯特、蒂摩西雅·戈达德、以利沙·戈德斯坦、琳达·格雷厄姆、乔·卡巴-金、托德·卡什丹、达切尔·凯尔特纳、苏妮娅·卢瑟、索尼娅·柳博米尔斯基、安·马斯滕、克里斯廷·内夫、斯蒂芬·波吉斯、桑德拉·普林斯-恩伯里、马丁·塞利格曼、米歇尔·希奥塔、丹·西格尔、埃米利亚纳·西蒙-托马斯。

此外,我们还得到了很多优秀教师的支持,汲取了丰富的智慧,其中包括塔拉·布莱克、吉尔·弗朗斯达尔、杰克·康菲尔德、阿姜·帕萨诺,以及莎朗·扎尔茨贝格等。

我们还要感谢我们的同事,正是因为你们的帮助,《幸福的基础》在线课程才得以顺利创建。谢谢詹娜·钱德勒、卡雷·高蒂尔、劳雷尔·汉森、米歇尔·基恩、玛丽昂·雷诺兹、安德鲁·舒曼、卡丽莎·斯佩思、马特·斯特兹。在这里要特别感谢的是斯蒂芬妮·韦永和戴维·韦永。感谢以下读者对本书草稿给予的积极反馈：彭妮·芬纳、伊丽莎白·费雷拉、埃玛·赫顿-塔姆、莉莉·奥布莱恩、迈克尔·塔夫脱。感谢能力出众的经纪人埃米·雷纳尔，感谢你的体贴周到，感谢你为本书提供的宝贵意见。感谢负责本书的和谐出版社的编辑唐娜·洛弗雷多，很荣幸与您一起工作，正是因为您和您同事的努力和付出，本书才得以顺利结集成册。

最后，特别感谢简·汉森和劳雷尔·汉森，爱你们。